Dr. Oetker

# Obst Kuchen

Dr. Oetker

# Obst Kuchen

Dr. Oetker Verlag

# Vorwort

Fruchtig-frisches Gebäck mit Früchten – wem läuft da nicht das Wasser im Mund zusammen.
Die Natur macht es uns vor: In jedem Monat kommen andere frische Früchte auf den Markt. Unter der manchmal rauen Schale reift ein saftig, frisches Innenleben heran. Wie gemacht für jede Art von Kuchen, ob aus der Form, vom Blech, als Tarte oder als feine Torte. Alle diese Köstlichkeiten lassen sich mit heimischem oder exotischem Obst zaubern. Bei so leckerem Gebäck gehen die Herzen der großen und kleinen Leckermäuler auf. Freuen Sie sich auf einen leichten Genuss, denn bei Obstkuchen darf es auch gern ein Stück mehr sein.
In diesem Buch haben wir die schönsten Gebäcke mit saftig-leckerem Obst zusammengestellt, vom Apfel- oder Pflaumenkuchen bis zur Mango-Tarte, finden Sie hier die ganze Bandbreite von Klassikern bis zu Modekreationen.

Guten Appetit!

# Einführung

Damit Ihre Obstkuchen ein voller Erfolg werden, sollten Sie bereits beim Einkauf darauf achten, dass die Zutaten einwandfrei sind.
Viele Obstarten sind heute fast das ganze Jahr erhältlich, allerdings zu sehr unterschiedlichen Preisen und von sehr verschiedener Qualität. Verfolgen Sie die Angebote der Wochenmärkte und des Handels und kaufen Sie das Obst, wenn es Saison hat. Es ist dann am aromatischsten und günstiger als im restlichen Jahr.
Wer vor knackigen Äpfeln, leuchtend roten Kirschen, duftenden Erdbeeren und samtenen Pfirsichen steht, dem zeigt sich die Vielfalt der Natur. Kaufen Sie Obst jedoch nicht nur nach dem äußeren Erscheinungsbild, sondern berücksichtigen Sie auch die „inneren Werte".

## Äpfel und Birnen

Keine andere Obstart ist so wichtig und vielseitig verwendbar wie der Apfel. Für Apfelkuchen eignen sich am besten die Sorten: Alkmene, Boskop, Berlepsch, Cox Orange, Goldparmäne, Gravensteiner, Idared, Ingrid Marie, James Grieve und Jonagold.
Birnen haben einen geringeren Säuregehalt und mehr Zucker als Äpfel. Viele Birnensorten sind nur begrenzt lagerfähig und müssen daher rasch verwendet werden.
Äpfel und Birnen werden geschält, geviertelt, entkernt und in Stücke geschnitten. Benötigt man Apfelringe, schält man die Äpfel und sticht mit einem Apfelausstecher das Kerngehäuse aus. Anschließend wird das Obst quer in Scheiben geschnitten.
Da Apfel- oder Birnenstücke an der Luft braun werden, beträufelt man sie mit Zitronensaft. Äpfel und Birnen eignen sich roh nicht zum Tiefgefrieren.

## Aprikosen

Aprikosen oder auch Marillen haben einen fein säuerlichen Geschmack und sind vielfältig verwendbar. Aprikosen werden meist enthäutet verwendet, da sich die Schale beim Backen zusammenzieht und unschön aussieht.
Pfirsche, Nektarinen und Aprikosen eignen sich nicht zum Einfrieren. Es können jedoch Früchte aus der Dose verwendet werden.

## Beerenobst

Alles Beerenobst bis auf Weintrauben kann gut eingefroren werden. Dazu werden die Beeren gewaschen, entstielt, in verschließbare Plastikbehältnisse gegeben und eingefroren. Bei der Verwendung muss tiefgefrorenes Obst nicht unbedingt ganz aufgetaut werden, sondern kann auch angetaut auf den Kuchenboden gelegt werden.

## Erdbeeren

Die Sorten unterscheiden sich in Form, Farbe, Geschmack und Festigkeit erheblich. Im Juni/Juli, wenn die Erdbeeren am aromatischsten sind, ist hierzulande das Selbstpflücken in den Randzonen der Ballungsgebiete sehr beliebt. Erdbeeren werden gewaschen, entstielt und evtl. halbiert.

## Himbeeren und Brombeeren

Himbeeren werden wegen ihres ausgeprägten Geschmacks und des zart körnigen Fruchtfleisches sehr geschätzt. Himbeeren und Brombeeren werden meist entstielt gekauft. Da Himbeeren sehr empfindliches, weiches Fruchtfleisch besitzen, sollten sie nicht gewaschen werden.

**Abkürzungen**

| | | |
|---|---|---|
| EL | = | Esslöffel |
| TL | = | Teelöffel |
| Msp. | = | Messerspitze |
| Pck. | = | Packung/Päckchen |
| g | = | Gramm |
| kg | = | Kilogramm |
| ml | = | Milliliter |
| l | = | Liter |
| evtl. | = | eventuell |
| geh. | = | gehäuft |
| gestr. | = | gestrichen |
| TK | = | Tiefkühlprodukt |
| °C | = | Grad Celsius |
| Ø | = | Durchmesser |
| E | = | Eiweiß |
| F | = | Fett |
| Kh | = | Kohlenhydrate |
| kcal | = | Kilokalorien |
| kJ | = | Kilojoule |

## Heidelbeeren

Wild- und Gartenheidelbeeren unterscheiden sich geschmacklich kaum und lassen sich sehr gut für Kuchen und Torten verwenden.

## Johannisbeeren

Sie können weiß-gelb, rot oder schwarz gefärbt sein. Für das Backen werden die roten und weiß-gelben Sorten bevorzugt. Die gewaschenen Johannisbeeren werden entstielt, indem man die Beeren mit Hilfe einer Gabel abstreift.

## Kirschen

Für die Kuchenbäckerei eignen sich am besten die Sauerkirschen, insbesondere Sorten mit dunklem Fruchtfleisch wie Schattenmorellen. Kirschen werden gewaschen, entstielt und mit einem Kirschentsteiner entsteint.
Anstelle von frischen Kirschen können auch tiefgefrorene Kirschen oder eingekochte Kirschen verwendet werden.

## Pflaumen und Zwetschen

Als Pflaumen bezeichnet man die rundlichen Früchte mit runden Enden und einer ausgeprägten Bauchnaht. Zwetschen (in Süddeutschland Zwetschgen) sind dagegen länglich mit spitzen Enden. Im allgemeinen eignen sich Zwetschen aufgrund des festeren Fruchtfleisches, das sich leicht vom Stein löst, besser als Kuchenbelag als Pflaumen. Am bekanntesten sind die Sorten Bühler Frühzwetsche, Auerbacher, Ortenauer und Hauszwetsche. Zwetschen und Pflaumen werden gewaschen und trockengerieben, so dass die wachsige Schutzschicht entfernt wird. Die Früchte werden halbiert, entsteint, evtl. an den Seiten leicht eingeschnitten und – mit der Innenseite nach oben – auf den Teigboden gelegt. Pflaumen sollten nur frisch, nicht tiefgefroren verwendet werden.

## Pfirsiche und Nektarinen

Der Unterschied zwischen diesen beiden Sorten liegt in der Fruchthaut: Pfirsiche haben eine samig-behaarte Haut, Nektarinen sind glatt und unbehaart, meist auch etwas festfleischiger. Pfirsiche und Nektarinen werden zu Backzwecken meist enthäutet, indem sie kurze Zeit in kochendes Wasser gelegt werden.

## Stachelbeeren

Das Farbspektrum reicht von grün über goldgelb bis rot. Die länglich ovalen Früchte können je nach Sorte glatt oder behaart sein. Stachelbeeren werden von Stiel und Blüten befreit und gut gewaschen.

## Südfrüchte

Orangen, Mandarinen, Zitronen, Grapefruits, Limetten, Mango und Bananen zählen zu den beliebtesten Südfrüchten für Backwerke. Zitrusfrüchte werden geschält, von der weißen Haut befreit und anschließend „filetiert", d. h. die Filets werden aus den Trennhäuten gelöst.

## Tafeltrauben

Das Angebot an Tafeltrauben ist groß. Besonders geeignet für das Kuchenbacken sind großbeerige Trauben und kleinbeerige kernlose Trauben.

**Hinweise zu den Rezepten**

Alle Rezepte sind von Dr. Oetker entwickelt und getestet worden. Sie sind ausführlich beschrieben und zum besseren Nachvollziehen übersichtlich in Punkte gegliedert. Die Zutaten sind in der Reihenfolge der Verwendung in einer Spalte aufgeführt, so dass leicht nachvollziehbar ist, was für das Rezept benötigt wird. Die Rezepte enthalten darüber hinaus Backzeit, Zubereitungszeit sowie Nährwertangaben.

Lesen Sie bitte vor der Zubereitung – besser noch vor dem Einkaufen – das Rezept einmal vollständig durch. Oft werden Arbeitsabläufe oder -zusammenhänge dann klarer.

Die in den Rezepten angegebenen Backtemperaturen und -zeiten sind Richtwerte, die je nach individueller Hitzeleistung des Backofens über- oder unterschritten werden können. Bitte beachten Sie deshalb bei der Einstellung des Backofens die Gebrauchsanweisung des Herstellers und machen Sie nach Beendigung der Backzeit eine Garprobe.

**Zubereitungszeiten**

Die Zubereitungszeit beinhaltet nur die Zeit für die eigentliche Zubereitung, die Backzeiten sind gesondert ausgewiesen. Längere Wartezeiten, wie z. B. Kühlzeiten, sind ebenfalls nicht mit einbezogen.

# Kuchen

## Obstkuchen für jeden Tag und sowieso

Raffiniert

# Himbeer-Käse-Kuchen

200 g Vollkorn-Butterkekse
100 g abgezogene, gemahlene Mandeln
50 g Zucker
1 Pck. Dr. Oetker Bourbon-Vanille-Zucker
150 g Butter

250 g frische Himbeeren oder TK-Himbeeren

**Für die Käsecreme:**
abgeriebene Schale und Saft von 2 Bio-Limetten (unbehandelt, ungewachst)
400 g Doppelrahm-Frischkäse
500 g Ricotta (italienischer Frischkäse)
4 Eier (Größe M)
175 g Zucker
2 EL gesiebte Speisestärke

**Für den Belag:**
750 g frische Himbeeren oder TK-Himbeeren

**Für den Guss:**
2 Pck. Tortenguss, rot
4 EL Zucker
500 ml (1/2 l) schwarzer Johannisbeersaft

1 Kekse in einen Gefrierbeutel geben. Beutel verschließen und Kekse mit einer Teigrolle fein zerbröseln oder im Blitzhacker fein mahlen. Keksbrösel in eine Rührschüssel geben. Mandeln, Zucker und Vanille-Zucker hinzufügen.

2 Butter zerlassen, mit der Bröselmasse gut vermischen, in eine Springform (Ø 26 cm, mit Backpapier belegt) geben und mit einem Löffel zu einem Boden andrücken. Frische Himbeeren verlesen und auf dem Bröselboden verteilen. TK-Himbeeren gefroren darauflegen.

3 Für die Creme Limetten heiß abwaschen, abtrocknen und die Schale mit einem Zestenreißer abziehen oder mit einer Reibe abreiben. Limetten auspressen. Frischkäse mit Ricotta, Eiern, Zucker, Zitronenschale, -saft und Speisestärke in einer Rührschüssel gut verrühren. Die Creme esslöffelweise auf die Himbeeren geben und glattstreichen.

4 Die Form auf dem Rost in den vorgeheizten Backofen schieben.

Ober-/Unterhitze: etwa 180 °C
Heißluft: etwa 160 °C
Backzeit: etwa 60 Minuten.

5 Die Form auf einen Kuchenrost stellen. Den Gebäckboden in der Form erkalten lassen.

6 Für den Belag Himbeeren verlesen. Frische Himbeeren oder tiefgefrorene Himbeeren auf dem Kuchen verteilen.

7 Für den Guss aus Tortengusspulver, Zucker und Saft nach Packungsanleitung einen Guss zubereiten. Den Guss auf den Himbeeren verteilen. Guss fest werden lassen.

8 Den Kuchen aus der Form lösen und auf eine Tortenplatte legen.

**Tipp:** Die Käsecreme kann statt mit Limetten auch mit dem Saft von 2 Zitronen und 1 Päckchen Dr. Oetker Finesse Geriebene Zitronenschale zubereitet werden.

**Zubereitungszeit:**
45 Minuten, ohne Abkühlzeit
**Backzeit:** etwa 60 Minuten

**Insgesamt:**
E: 169 g, F: 434 g, Kh: 663 g,
kJ: 30821, kcal: 7351

# Apfelkuchen mit Mandelguss

Einfach

**Für den Belag:**

4 säuerliche Äpfel
2 EL Zitronensaft

**Für den Teig:**

200 g Schlagsahne
100 g Zucker
1 Pck. Dr. Oetker Vanillin-Zucker
abgeriebene Schale von
½ Bio-Zitrone (unbehandelt, ungewachst)
3 Eier (Größe M)
200 g Weizenmehl
2 gestr. TL Dr. Oetker Backin

**Für den Guss:**

50 g Butter
50 g Zucker
2 EL Milch
40 g abgezogene, gehobelte Mandeln

1 Für den Belag Äpfel schälen, vierteln, entkernen und in dünne Spalten schneiden. Apfelspalten mit Zitronensaft beträufeln, damit sie nicht braun werden.

2 Für den Teig Sahne halb steif schlagen, Zucker, Vanillin-Zucker und Zitronenschale hinzufügen. Eier nach und nach unterrühren. Mehl mit Backpulver mischen, sieben, in 2 Portionen auf mittlerer Stufe unterrühren.

3 Den Teig in eine Tarteform (Ø 30–32 cm, Boden gefettet) geben und glattstreichen. Die Apfelspalten dachziegelartig vom Rand beginnend (außen 1 cm frei lassen) auf den Teig legen. Die Form auf dem Rost in den vorgeheizten Backofen schieben und den Kuchen vorbacken.

Ober-/Unterhitze: etwa 180 °C
Heißluft: etwa 160 °C
Backzeit: etwa 15 Minuten.

4 Für den Guss Butter, Zucker und Milch in einem Topf zum Kochen bringen und kurz aufkochen lassen. Topf von der Kochstelle nehmen und die Mandeln unterrühren.

5 Die Form auf einen Kuchenrost stellen. Den Mandelguss in Klecksen auf die Apfelspalten geben. Die Form wieder auf dem Rost in den Backofen schieben und den Kuchen bei **der gleichen Backofeneinstellung in etwa 25 Minuten** fertig backen.

6 Die Form auf einen Kuchenrost stellen. Den Kuchen in der Form erkalten lassen.

**Tipp:** Sie können den Kuchen auch in einer Springform (Ø 26 cm) backen.

**Zubereitungszeit:** 30 Minuten
**Backzeit:** etwa 40 Minuten

**Insgesamt:**
E: 54 g, F: 150 g, Kh: 359 g, kJ: 12759, kcal: 3050

# Orangen-Mandel-Kuchen

Raffiniert

**Für den Rührteig:**

abgeriebene Schale von
3 Bio-Orangen (unbehandelt, ungewachst)
250 g weiche Butter
170 g Zucker
4 Eier (Größe M)
200 g Weizenmehl
2 gestr. TL Dr. Oetker Backin
100 g abgezogene, gemahlene Mandeln

**Für den Sirup:**

1 Orange
2 Limetten
1 Sternanis
75 g Zucker

1 Für den Teig Orangen heiß abwaschen, abtrocknen und jeweils die Schale abreiben. Butter, Zucker und Orangenschale in einer Rührschüssel mit Handrührgerät mit Rührbesen in etwa 3 Minuten schaumig schlagen.

2 Eier nach und nach unterrühren (jedes Ei etwa ½ Minute). Mehl mit Backpulver mischen, sieben, in 2 Portionen mit den Mandeln auf mittlerer Stufe unterrühren.

3 Die abgeriebenen Orangen so schälen, dass die weiße Haut vollständig entfernt wird. Orangen in Scheiben schneiden und kranzförmig auf den Boden einer Springform (Ø 26 cm, mit Backpapier belegt) legen. Den Teig esslöffelweise daraufgeben und glattstreichen. Die Form auf dem Rost in den vorgeheizten Backofen schieben.

Ober-/Unterhitze: etwa 180 °C (unteres Drittel)
Heißluft: etwa 160 °C
Backzeit: etwa 50 Minuten.

4 Die Form auf einen Kuchenrost stellen. Den Kuchen erkalten lassen.

5 Für den Sirup Orange und Limetten auspressen. Den Saft mit dem Anisstern und Zucker in einem Topf zum Kochen bringen, bis der Zucker gelöst ist. Sirup etwas abkühlen lassen. Sternanis entfernen.

6 Den Sirup gleichmäßig auf den Kuchen gießen und einziehen lassen. Kuchen erkalten lassen. Dann den Springform lösen. Einen flachen Teller umgedreht auf den Kuchen legen. Den Kuchen mit dem Teller umdrehen. Den Springformboden entfernen und das mitgebackene Backpapier vorsichtig abziehen.

**Zubereitungszeit:** 45 Minuten, ohne Durchziehzeit
**Backzeit:** etwa 50 Minuten

**Insgesamt:**
E: 73 g, F: 291 g, Kh: 481 g, kJ: 20565, kcal: 4914

# Nektarinenkuchen | Einfach

**Zum Vorbereiten:**
- 4–5 (750 g) Nektarinen
- 2 EL Zitronensaft

**Für den Rührteig:**
- 125 g Butter oder Margarine
- 75 g Zucker
- 1 Pck. Dr. Oetker Vanillin-Zucker
- 1 Prise Salz
- 1 Pck. Dr. Oetker Finesse Geriebene Zitronenschale
- 3 Eier (Größe M)
- 250 g Weizenmehl
- 3 gestr. TL Dr. Oetker Backin
- Saft von 1 Zitrone
- 150 g Schlagsahne
- 100 g abgezogene, gemahlene Mandeln

**Zum Bestreichen und Bestreuen:**
- 2 EL Aprikosenkonfitüre
- 1 Pck. (25 g) gehackte Pistazienkerne

1 Zum Vorbereiten Nektarinen waschen, trockentupfen, halbieren und entsteinen. Das Fruchtfleisch in Spalten schneiden. Nektarinenspalten mit Zitronensaft beträufeln und etwas durchziehen lassen.

2 Für den Teig Butter oder Margarine in einer Rührschüssel mit Handrührgerät mit Rührbesen geschmeidig rühren. Nach und nach Zucker, Vanillin-Zucker, Salz und Zitronenschale unterrühren. So lange rühren, bis eine gebundene Masse entstanden ist.

3 Eier nach und nach unterrühren (jedes Ei etwa ½ Minute). Mehl mit Backpulver mischen, sieben, mit dem Zitronensaft, der Sahne und den Mandeln in 2 Portionen auf mittlerer Stufe unterrühren.

4 Den Teig in eine Springform (Ø 26 cm, Boden gefettet) geben und glattstreichen. Die Nektarinenspalten dachziegelartig in Form einer Blüte auf den Teig legen. Die Form auf dem Rost in den vorgeheizten Backofen schieben.

Ober-/Unterhitze: etwa 180 °C
Heißluft: etwa 160 °C
Backzeit: etwa 45 Minuten.

5 Die Form auf einen Kuchenrost stellen. Die Aprikosenkonfitüre glattrühren, den Kuchen damit bestreichen. Pistazienkerne auf die Nektarinenspalten streuen. Den Kuchen in der Form erkalten lassen. Dann den Kuchen aus der Form lösen und auf eine Tortenplatte legen.

**Zubereitungszeit:** 35 Minuten, ohne Durchziehzeit
**Backzeit:** etwa 45 Minuten

**Insgesamt:**
E: 79 g, F: 244 g, Kh: 398 g, kJ: 17420, kcal: 4160

# Pflaumen-Sesam-Kuchen

Exotisch

**Für den Knetteig:**
- 250 g Weizenmehl
- 100 g Puderzucker
- 1 Eigelb (Größe M)
- 180 g weiche Butter oder Margarine
- 1 EL kaltes Wasser

- 150 g geschälter Sesamsamen

**Für den Sesamguss:**
- 3 Eier (Größe M)
- 250 g Schlagsahne
- 100 g Puderzucker
- ½ gestr. TL gemahlene Nelken

- 750 g Pflaumen

1 Für den Teig Mehl in eine Rührschüssel sieben. Puderzucker, Eigelb, Butter oder Margarine und Wasser hinzufügen. Die Zutaten mit Handrührgerät mit Rührbesen zunächst kurz auf niedrigster, dann auf höchster Stufe gut durcharbeiten.

2 Anschließend auf einer bemehlten Arbeitsfläche zu einem glatten Teig verkneten. Sollte er kleben, ihn in Folie gewickelt eine Zeit lang kaltstellen.

3 Zwei Drittel des Teiges auf dem Boden einer Springform (Ø 26 cm, gefettet) ausrollen, Springformrand darumstellen. Teigboden mehrmals mit einer Gabel einstechen. Die Form auf dem Rost in den vorgeheizten Backofen schieben und den Boden vorbacken.

Ober-/Unterhitze: etwa 180 °C
Heißluft: etwa 160 °C
Backzeit: etwa 20 Minuten.

4 Die Form auf einen Kuchenrost stellen. Den Boden etwas abkühlen lassen.

5 Restlichen Teig zu einer Rolle formen, auf den vorgebackenen Boden legen und so an die Form drücken, dass ein etwa 3 cm hoher Rand entsteht.

6 Sesamsamen in einer Pfanne ohne Fett goldgelb rösten, herausnehmen und auf einem Teller abkühlen lassen.

7 Für den Guss Eier mit Sahne, Puderzucker und Nelken gut verrühren.

8 Pflaumen waschen, trockenreiben, halbieren und entsteinen. Pflaumenhälften spiralförmig auf den vorgebackenen Boden legen und mit Sesam bestreuen. Den Guss vorsichtig darauf verteilen.

9 Die Form wieder auf dem Rost in den heißen Backofen schieben und den Kuchen **bei gleicher Backofeneinstellung in etwa 45 Minuten** fertig backen.

10 Die Form auf einen Kuchenrost stellen. Den Kuchen etwa 10 Minuten in der Form stehen lassen, dann aus der Form lösen und auf dem Kuchenrost erkalten lassen.

**Zubereitungszeit:**
40 Minuten, ohne Abkühlzeit
**Backzeit:** etwa 65 Minuten

**Insgesamt:**
E: 86 g, F: 334 g, Kh: 479 g,
kJ: 22252, kcal: 5318

# Aprikosen-Pflaumen-Marzipan-Kuchen

Fruchtig

**Für den Rührteig:**

125 g Butter oder Margarine
100 g Marzipan-Rohmasse
50 g Zucker
1 Pck. Dr. Oetker Vanillin-Zucker
3 Tropfen Bittermandel-Aroma
1 Prise Salz
3 Eigelb (Größe M)
125 g Weizenmehl
1 gestr. TL Dr. Oetker Backin
3 Eiweiß (Größe M)

**Für den Belag:**

600 g Aprikosen
400 g Pflaumen

**Zum Aprikotieren:**

3 EL Aprikosenkonfitüre
2 EL Wasser

**1** Für den Teig Butter oder Margarine und klein geschnittenes Marzipan in einer Rührschüssel mit Handrührgerät mit Rührbesen geschmeidig rühren. Nach und nach Zucker, Vanillin-Zucker, Aroma und Salz unterrühren. So lange rühren, bis eine gebundene Masse entstanden ist. Eigelb nach und nach unterrühren (jedes Eigelb knapp ½ Minute).

**2** Mehl mit Backpulver mischen, sieben, in 2 Portionen auf mittlerer Stufe unterrühren. Eiweiß steif schlagen und unterheben. Den Teig in eine Springform (Ø 28 cm, Boden gefettet) geben und glattstreichen.

**3** Für den Belag Aprikosen und Pflaumen waschen, abtrocknen, halbieren, entsteinen und abwechselnd kranzförmig dicht an dicht mit der Wölbung nach unten auf den Teig legen.

**4** Die Form auf dem Rost in den vorgeheizten Backofen schieben.

Ober-/Unterhitze: etwa 180 °C
Heißluft: etwa 160 °C
Backzeit: etwa 45 Minuten.

**5** Die Form auf einen Kuchenrost stellen. Zum Aprikotieren Konfitüre durch ein Sieb streichen, mit Wasser unter Rühren aufkochen lassen. Den heißen Kuchen damit bestreichen und in der Form erkalten lassen. Den Kuchen aus der Form lösen und auf eine Tortenplatte legen.

**Tipp:** Es können auch nur Aprikosen und Pflaumen aus dem Glas verwendet werden.

**Zubereitungszeit:** 45 Minuten
**Backzeit:** etwa 45 Minuten

**Insgesamt:**
E: 53 g, F: 164 g, Kh: 326 g, kJ: 12678, kcal: 3027

# Mohnkuchen mit Johannisbeeren

Einfach

**Für den Rührteig:**

150 g Butter oder Margarine
150 g Zucker
2 Pck. Dr. Oetker Vanillin-Zucker
1 Msp. Salz
1 Pck. Dr. Oetker Finesse Geriebene Zitronenschale
3 Eier (Größe M)
330 g Weizenmehl
2 gestr. TL Dr. Oetker Backin
150 ml Naturjoghurt
50 g Mohnsamen

**Für den Belag:**

1 Pck. Tortenguss, rot
2 EL Zucker
150 ml Johannisbeernektar
300 g TK-Johannisbeeren

**Zum Bestäuben:**

30 g Puderzucker

1 Für den Teig Butter oder Margarine in einer Rührschüssel mit Handrührgerät mit Rührbesen geschmeidig rühren. Nach und nach Zucker, Vanillin-Zucker, Salz und Zitronenschale unterrühren. So lange rühren, bis eine gebundene Masse entstanden ist. Eier nach und nach unterrühren (jedes Ei etwa ½ Minute).

2 Mehl mit Backpulver mischen, sieben, mit dem Joghurt in 2 Portionen auf mittlerer Stufe unterrühren, Mohn hinzufügen. Den Teig in eine Springform (Ø 26 cm, Boden gefettet, gemehlt) geben und glattstreichen.

3 Für den Belag Tortengusspulver mit Zucker und Johannisbeernektar verrühren. Die gefrorenen Johannisbeeren unterrühren. Die Johannisbeermasse auf dem Teigboden verteilen und mit einer Gabel spiralförmig unter den Teig ziehen. Die Form auf dem Rost in den vorgeheizten Backofen schieben.

Ober-/Unterhitze: etwa 180 °C
Heißluft: etwa 160 °C
Backzeit: etwa 55 Minuten.

4 Die Form auf einen Kuchenrost stellen. Den Kuchen in der Form etwas abkühlen lassen. Dann den Kuchen aus der Form lösen und auf einem Kuchenrost erkalten lassen.

5 Den Kuchen mit Puderzucker bestäuben.

**Zubereitungszeit:** 25 Minuten, ohne Abkühlzeit
**Backzeit:** etwa 55 Minuten

**Insgesamt:**
E: 73 g, F: 175 g, Kh: 512 g, kJ: 16722, kcal: 3994

# Nasser Apfelkuchen mit Zitronenguss

Raffiniert – mit Alkohol

**Für den Rührteig:**

- 200 g Butter oder Margarine
- 150 g gesiebter Puderzucker
- 1 Pck. Dr. Oetker Vanillin-Zucker
- 1 Pck. Dr. Oetker Finesse Geriebene Zitronenschale
- 1 TL gemahlener Zimt
- 2 EL Marsala
- 4 Eier (Größe M)
- 200 g Weizenmehl
- 2 gestr. TL Dr. Oetker Backin
- 750 g Äpfel

**Zum Aprikotieren:**

- 2 EL Aprikosenkonfitüre
- 2 EL Wasser

**Für den Guss:**

- 50 g gesiebter Puderzucker
- 2 EL Zitronensaft

**1** Für den Teig Butter oder Margarine mit Handrührgerät mit Rührbesen auf höchster Stufe geschmeidig rühren. Nach und nach Puderzucker, Vanillin-Zucker, Zitronenschale, Zimt und Marsala unterrühren. So lange rühren, bis eine gebundene Masse entstanden ist.

**2** Eier nach und nach unterrühren (jedes Ei etwa ½ Minute). Mehl mit Backpulver mischen, sieben, in 2 Portionen auf mittlerer Stufe unterrühren.

**3** Äpfel schälen, vierteln, entkernen und in kleine Stücke schneiden. Apfelstücke unter den Teig heben. Den Teig in eine Springform (Ø 26 cm, Boden gefettet) geben und glattstreichen. Die Form auf dem Rost in den vorgeheizten Backofen schieben.

Ober-/Unterhitze: etwa 180 °C
Heißluft: etwa 160 °C
Backzeit: etwa 40 Minuten.

**4** Die Form auf einen Kuchenrost stellen. Zum Aprikotieren Konfitüre durch ein Sieb streichen, mit Wasser unter Rühren aufkochen lassen. Den heißen Kuchen sofort damit bestreichen.

**5** Für den Guss Puderzucker mit Zitronensaft zu einer dickflüssigen Masse verrühren. Den Kuchen damit bestreichen, aus der Form lösen und auf einem Kuchenrost erkalten lassen.

**Zubereitungszeit:** 30 Minuten
**Backzeit:** etwa 40 Minuten

**Insgesamt:**
E: 50 g, F: 198 g, Kh: 467 g, kJ: 16337, kcal: 3905

# Pfirsich-Schmand-Kuchen

Einfach

**Für den Knetteig:**

150 g Weizenmehl
1 Msp. Dr. Oetker Backin
50 g Zucker
1 Pck. Dr. Oetker Vanillin-Zucker
1 Ei (Größe M)
65 g weiche Butter oder Margarine

**Für den Belag:**

650 g Pfirsiche (etwa 4 Stück)
2 Pck. Dr. Oetker Pudding-Pulver Vanille-Geschmack
100 g Zucker
500 ml (½ l) Milch
2 Becher (je 250 g) Schmand (Sauerrahm)

**Zubereitungszeit:** 40 Minuten, ohne Abkühlzeit
**Backzeit:** etwa 75 Minuten

**Insgesamt:**
E: 58 g, F: 200 g, Kh: 426 g, kJ: 15922, kcal: 3800

1 Für den Teig Mehl mit Backpulver mischen und in eine Rührschüssel sieben. Zucker, Vanillin-Zucker, Ei und Butter oder Margarine hinzufügen. Die Zutaten mit Handrührgerät mit Rührbesen zunächst kurz auf niedrigster, dann auf höchster Stufe gut durcharbeiten.

2 Anschließend auf einer bemehlten Arbeitsfläche zu einem glatten Teig verkneten. Sollte er kleben, ihn in Folie gewickelt eine Zeit lang kaltstellen.

3 Zwei Drittel des Teiges auf dem Boden einer Springform (Ø 26 cm, gefettet) ausrollen, den Springformrand darumstellen. Die Form auf dem Rost in den vorgeheizten Backofen schieben und den Boden vorbacken.

Ober-/Unterhitze: etwa 200 °C
Heißluft: etwa 180 °C
Backzeit: etwa 15 Minuten.

4 Die Form auf einen Kuchenrost stellen. Den Boden etwas abkühlen lassen. Den Backofen herunterschalten.

5 Für den Belag Pfirsiche kurz in kochendes Wasser legen (nicht kochen lassen) und in kaltem Wasser abschrecken. Pfirsiche enthäuten, halbieren, entsteinen und in Spalten schneiden.

6 Restlichen Teig zu einer Rolle formen, auf den vorgebackenen Boden legen und so an die Form drücken, dass ein etwa 3 cm hoher Rand entsteht. Pfirsichspalten auf den vorgebackenen Boden legen.

7 Einen Pudding aus Pudding-Pulver, Zucker und Milch nach Packungsanleitung (aber mit den hier angegebenen Zutaten) zubereiten. Den Topf von der Kochstelle nehmen und den Schmand unterrühren. Die Puddingcreme auf den Pfirsichspalten verteilen. Die Form wieder auf dem Rost in den heißen Backofen schieben und den Kuchen fertig backen.

Ober-/Unterhitze: etwa 160 °C
Heißluft: etwa 140 °C
Backzeit: etwa 60 Minuten.

8 Die Form auf einen Kuchenrost stellen. Den Kuchen in der Form etwa 2 Stunden abkühlen lassen. Dann den Kuchen aus der Form lösen und auf einem Kuchenrost erkalten lassen.

# Apfelkuchen mit Cidre

Mit Alkohol

**Für den Belag:**

500 g Äpfel, z. B. Elstar
350 ml Cidre (Apfelwein)

**Für den Rührteig:**

100 g zerlassene, abgekühlte Butter oder Margarine
70 g Zucker
1 Pck. Dr. Oetker Vanillin-Zucker
2 Eier (Größe M)
200 g Weizenmehl
2 gestr. TL Dr. Oetker Backin
5 EL Milch
70 g Rosinen

**Für den Guss:**

1 Pck. Tortenguss, klar
2 gestr. EL Zucker
250 ml (¼ l) Cidreflüssigkeit (von den Apfelscheiben)
30 g Rosinen

1 Für den Belag Äpfel schälen, vierteln, entkernen und quer in Scheiben schneiden. Apfelscheiben in eine Schüssel geben und mit Cidre übergießen, zugedeckt etwa 1 Stunde durchziehen lassen.

2 Für den Teig die zerlassene Butter oder Margarine in einer Rührschüssel mit Handrührgerät mit Rührbesen geschmeidig rühren. Nach und nach Zucker und Vanillin-Zucker unterrühren. So lange rühren, bis eine gebundene Masse entstanden ist.

3 Eier nach und nach unterrühren (jedes Ei etwa ½ Minute). Mehl und Backpulver mischen, sieben, abwechselnd in 2 Portionen mit der Milch auf mittlerer Stufe unterrühren. Rosinen unterheben.

4 Die Apfelscheiben in einem Sieb abtropfen lassen, die Cidreflüssigkeit auffangen und 250 ml (¼ l) davon abmessen.

5 Den Teig in eine Springform (Ø 26 cm, gefettet) geben und glattstreichen. Apfelscheiben darauf verteilen. Die Form auf dem Rost in den vorgeheizten Backofen schieben.

Ober-/Unterhitze: etwa 180 °C
Heißluft: etwa 160 °C
Backzeit: etwa 40 Minuten.

6 Die Form auf einen Kuchenrost stellen. Den Kuchen in der Form erkalten lassen. Den Kuchen aus der Form lösen und auf eine Tortenplatte legen.

7 Für den Guss aus Tortengusspulver, Zucker und der abgemessenen Cidreflüssigkeit nach Packungsanleitung einen Guss zubereiten. Rosinen unterrühren. Den Guss von der Mitte aus gleichmäßig auf den Apfelscheiben verteilen. Den Kuchen etwa 2 Stunden kaltstellen.

**Zubereitungszeit:** 50 Minuten, ohne Durchzieh- und Kühlzeit
**Backzeit:** etwa 40 Minuten

**Insgesamt:**
E: 40 g, F: 106 g, Kh: 395 g, kJ: 11847, kcal: 2832

# Torten

Obsttorten, die Highlights für die besonderen Gelegenheiten

Fruchtig – für Gäste

# Erdbeer-Minz-Torte

**1** Für den Teig Eier und Wasser in einer Rührschüssel mit Handrührgerät mit Rührbesen auf höchster Stufe in 1 Minute schaumig schlagen. Zucker in einer Minute unter Rühren einstreuen, dann noch etwa 2 Minuten schlagen.

**2** Mehl sieben und kurz auf niedrigster Stufe unterrühren. Den Teig in eine Springform (Ø 28 cm, mit Backpapier belegt) geben und glattstreichen. Die Form auf dem Rost in den vorgeheizten Backofen schieben.

Ober-/Unterhitze: etwa 180 °C
Heißluft: etwa 160 °C
Backzeit: etwa 20 Minuten.

**3** Für den Sirup Zucker und Wasser in einem Topf aufkochen lassen, bis der Zucker gelöst ist. Den Topf von der Kochstelle nehmen. Minze abspülen, trockentupfen, in die Zuckerlösung legen und etwa 15 Minuten ziehen lassen. Minzezweige entfernen.

**4** Den Biskuitboden aus der Form lösen und auf einen Kuchenrost stürzen. Biskuitboden erkalten lassen, mitgebackenes Backpapier abziehen. Den Boden auf eine Tortenplatte legen und einen Tortenring darumlegen. Den Biskuitboden mit dem Sirup tränken.

**5** Für die Creme Gelatine in kaltem Wasser nach Packungsanleitung einweichen. Zitrone heiß abwaschen und trockentupfen. Die Schale mit einem Zestenreißer abziehen oder auf einer Reibe abreiben. Zitronenschale und 100 g von der Sahne in einem kleinen Topf aufkochen lassen. Den Topf von der Kochstelle nehmen. Die eingeweichte Gelatine leicht ausdrücken und in der Sahne unter Rühren auflösen. Zucker unterrühren. Sahnemasse kaltstellen.

**6** Die abgeriebene Zitrone auspressen, den Saft auf den Biskuitboden träufeln.

**7** Für den Belag Erdbeeren putzen, waschen, abtropfen lassen und entstielen. 750 g der Erdbeeren auf den getränkten Biskuitboden legen.

**8** Restliche Sahne steif schlagen. Wenn die Zitronensahne anfängt dicklich zu werden, zwei Esslöffel der Sahne unterrühren. Restliche Sahne vorsichtig unterheben. Die Creme auf den Erdbeeren verteilen. Torte etwa 1 Stunde kaltstellen.

*(Fortsetzung Seite 30)*

**Für den Biskuitteig:**
- 3 Eier (Größe M)
- 1 EL heißes Wasser
- 80 g Zucker
- 80 g Weizenmehl

**Für den Minzsirup:**
- 50 ml Zucker
- 50 ml Wasser
- 5 Zweige frische Minze

**Für die Zitronencreme:**
- 6 Blatt weiße Gelatine
- 1 Bio-Zitrone (unbehandelt, ungewachst)
- 750 g Schlagsahne
- 150 g Zucker

**Für den Belag:**
- 1 kg frische Erdbeeren

- 1 Pck. Tortenguss, rot
- 100 g Zucker
- 250 ml (¼ l) schwarzer Johannisbeersaft

**Zubereitungszeit:**
50 Minuten,
ohne Durchzieh- und Kühlzeit
**Backzeit:** etwa 20 Minuten

**Insgesamt:**
E: 63 g, F: 256 g, Kh: 585 g,
kJ: 21113 , kcal: 5046

**9** Restliche Erdbeeren in Scheiben schneiden und auf der Zitronen-Sahne-Creme verteilen.

**10** Aus Tortengusspulver, Zucker und Saft nach Packungsanleitung einen Guss zubereiten und vorsichtig mit einem Esslöffel auf die Erdbeerscheiben geben. Torte nochmals 2–3 Stunden kaltstellen. Tortenring lösen und entfernen.

# *Aprikosen-Pudding-Torte* Schnell

**Für den Belag:**

1 Dose Aprikosenhälften (Abtropfgewicht 480 g)
250 ml (¼ l) Milch
200 g Schlagsahne
50 g Zucker
1 Pck. Dr. Oetker Pudding-Pulver Vanille-Geschmack

**Für den Quark-Öl-Teig:**

300 g Weizenmehl
1 Pck. Dr. Oetker Backin
150 g Speisequark (Magerstufe)
100 ml Milch
100 ml Speiseöl
75 g Zucker
1 Pck. Dr. Oetker Vanillin-Zucker
1 Prise Salz

**Zum Bestreichen:**

etwas Milch

**Zubereitungszeit:** 35 Minuten, ohne Abkühlzeit
**Backzeit:** etwa 45 Minuten

**Insgesamt:**
E: 68 g, F: 179 g, Kh: 496 g, kJ: 16587, kcal: 3961

**1** Für den Belag Aprikosenhälften in einem Sieb gut abtropfen lassen. Aprikosenhälften in kleine Würfel schneiden. Aus Milch, Sahne, Zucker und Pudding-Pulver nach Packungsanleitung einen Pudding zubereiten, etwas abkühlen lassen (dabei zwischendurch umrühren, damit sich keine Haut bildet) oder sofort Frischhaltefolie auf den Pudding legen.

**2** Für den Teig Mehl mit Backpulver mischen und in eine Rührschüssel sieben. Quark, Milch, Speiseöl, Zucker, Vanillin-Zucker und Salz hinzufügen. Die Zutaten mit Handrührgerät mit Knethaken zunächst kurz auf niedrigster, dann auf höchster Stufe in etwa 1 Minute zu einem Teig verarbeiten (nicht zu lange, Teig klebt sonst).

**3** Knapp ein Drittel des Teiges auf einer bemehlten Arbeitsfläche zu einer runden Platte (Ø 26 cm) ausrollen und in etwa 2 cm breite Streifen schneiden. Restlichen Teig auf dem Boden einer Springform (Ø 26 cm, gefettet) ausrollen. Springformrand darumstellen. Den Teig gut 1 cm am Rand hochdrücken.

**4** Den erkalteten Pudding auf den Teigboden streichen, Aprikosenwürfel darauf verteilen. Teigstreifen gitterförmig darauflegen und mit etwas Milch bestreichen. Die Form auf dem Rost in den vorgeheizten Backofen schieben.

Ober-/Unterhitze: etwa 180 °C
Heißluft: etwa 160 °C
Backzeit: etwa 45 Minuten.

**5** Den Kuchen aus der Form lösen und auf einem Kuchenrost erkalten lassen.

# Kokos-Käse-Torte mit Stachelbeeren

Raffiniert

**Für den Streuselteig:**

200 g Weizenmehl
2 gestr. TL Dr. Oetker Backin
70 g Zucker
1 Pck. Dr. Oetker Vanillin-Zucker
1 TL gemahlener Zimt
1 Eigelb (Größe M)
125 g weiche Butter oder Margarine
50 g Kokosraspel

**Für die Füllung:**

400 ml Kokosmilch, cremig
250 g Speisequark (20 oder 40 % Fett i. Tr.)
150 g Zucker
2 Eier (Größe M)
1 Eiweiß (Größe M)

**Für den Belag:**

750 g rote Stachelbeeren
100 ml Wasser
120 g Zucker
1 TL gemahlener Zimt
1 Pck. Tortenguss, klar
100 ml Wasser

**Zubereitungszeit:** 55 Minuten, ohne Abkühlzeit
**Backzeit:** etwa 80 Minuten

**Insgesamt:** E: 83 g, F: 250 g, Kh: 579 g, kJ: 20805, kcal: 4982

1 Für den Teig Mehl mit Backpulver mischen und in eine Rührschüssel sieben. Zucker, Vanillin-Zucker, Zimt, Eigelb, Butter oder Margarine und Kokosraspel hinzufügen. Die Zutaten mit Handrührgerät mit Rührbesen zunächst kurz auf niedrigster, dann auf höchster Stufe zu Streuseln verarbeiten.

2 Die Teigstreusel in eine Springform (Ø 26 cm, gefettet) geben und mit einem Löffel zu einem Boden andrücken. Die Form auf dem Rost in den vorgeheizten Backofen schieben und den Boden vorbacken.

Ober-/Unterhitze: etwa 180 °C
Heißluft: etwa 160 °C
Backzeit: etwa 15 Minuten.

3 Die Form auf einen Kuchenrost stellen. Den Boden etwas abkühlen lassen. Den Backofen auf Ober-/Unterhitze: etwa 160 °C, Heißluft: etwa 140 °C herunterschalten.

4 Für die Füllung Kokosmilch, Quark, Zucker, Eier und Eiweiß in einer Rührschüssel geschmeidig rühren. Die Masse auf den vorgebackenen Boden geben und glattstreichen.

5 Die Form auf dem Rost in den vorgeheizten Backofen schieben und die Torte **bei der heruntergeschalteten Backtemperatur in etwa 65 Minuten** fertig backen.

6 Die Form auf einen Kuchenrost stellen. Die Torte in der Form erkalten lassen.

7 Für den Belag Stachelbeeren putzen, Blüten- und Stielansätze abschneiden. Stachelbeeren waschen und abtropfen lassen. Wasser, Zucker und Zimt in einem Topf zum Kochen bringen. Stachelbeeren hinzufügen und unter vorsichtigem Rühren etwa 1 Minute kochen lassen.

8 Tortengusspulver mit 100 ml Wasser verrühren, unter die Stachelbeeren rühren und unter Rühren aufkochen lassen.

9 Stachelbeeren etwas abkühlen lassen, dann esslöffelweise auf die Torte geben und gleichmäßig verteilen. Stachelbeeren erkalten lassen. Die Torte aus der Form lösen und auf eine Tortenplatte legen.

# Apfelschorle-Torte

Für Gäste

**Für den All-in-Teig:**

150 g Weizenmehl
3 gestr. TL Dr. Oetker Backin
150 g Zucker
1 Pck. Dr. Oetker Vanillin-Zucker
3 Eier (Größe M)
150 g weiche Butter oder Margarine

**Für die Apfelschorlecreme:**

750 g Äpfel, z. B. Boskop, Elstar
100 ml Mineralwasser
50 g Zucker
1 Pck. Dr. Oetker Finesse Geriebene Zitronenschale
6 Blatt weiße Gelatine
250 g Schmand (Sauerrahm)
200 g Schlagsahne
1 Pck. Dr. Oetker Vanillin-Zucker

**Zum Bestreichen:**

2 EL Apfelgelee, 1 EL Wasser

**Für den Guss:**

1 Pck. Tortenguss, klar
250 ml (¼ l) Apfelsaft
1 EL Zucker

**Zum Verzieren und Garnieren:**

100 g Schlagsahne
1 Pck. Dr. Oetker Vanillin-Zucker
1 Apfel mit roter Schale
etwas Zitronensaft

**Zubereitungszeit:**
40 Minuten, ohne Kühlzeit
**Backzeit:** etwa 25 Minuten

**Insgesamt:**
E: 60 g, F: 300 g, Kh: 528 g,
kJ: 21440, kcal: 5124

**1** Für den Teig Mehl mit Backpulver mischen und in eine Rührschüssel sieben. Restliche Zutaten hinzufügen und mit Handrührgerät mit Rührbesen auf höchster Stufe in etwa 2 Minuten zu einem glatten Teig verarbeiten. Den Teig in eine Springform (Ø 26 cm, Boden gefettet, mit Backpapier belegt) geben und glattstreichen. Die Form auf dem Rost in den vorgeheizten Backofen schieben.

Ober-/Unterhitze: etwa 180 °C
Heißluft: etwa 160 °C
Backzeit: etwa 25 Minuten.

**2** Den Gebäckboden aus der Form lösen und auf einen mit Backpapier belegten Kuchenrost stürzen. Mitgebackenes Backpapier abziehen. Gebäckboden erkalten lassen und einmal waagerecht durchschneiden.

**3** Für die Creme Äpfel schälen, vierteln, entkernen, in kleine Stücke schneiden und in einem Topf mit Mineralwasser, Zucker und Zitronenschale aufkochen lassen. Gelatine in kaltem Wasser nach Packungsanleitung einweichen, ausdrücken, unter Rühren in der heißen Apfelmasse auflösen und kaltstellen. Sobald die Masse anfängt dicklich zu werden, Schmand unterrühren. Sahne mit Vanillin-Zucker steif schlagen und unterheben.

**4** Den unteren Gebäckboden auf eine Tortenplatte legen und einen Tortenring darumlegen. Die Apfelmasse auf den Gebäckboden geben und glattstreichen. Den oberen Gebäckboden darauflegen und leicht andrücken. Die Torte etwa 2 Stunden kaltstellen.

**5** Zum Bestreichen Gelee mit Wasser in einem Topf aufkochen lassen. Die Tortenoberfläche damit bestreichen. Für den Guss aus Tortengusspulver, Apfelsaft und Zucker nach Packungsanleitung einen Guss zubereiten, auf die Tortenoberfläche gießen und fest werden lassen.

**6** Zum Verzieren und Garnieren den Tortenring lösen und entfernen. Sahne mit Vanillin-Zucker steif schlagen, in einen Spritzbeutel mit Sterntülle füllen. Die Tortenoberfläche damit verzieren. Apfel waschen, abtrocknen und das Kerngehäuse mit einem Apfelausstecher entfernen. Den Apfel in Scheiben schneiden und mit Zitronensaft bestreichen. Die Apfelscheiben nach Belieben halbieren und auf die Sahnetupfen legen.

**Tipp:** Anstelle von Schmand kann auch ein Vanillejoghurt verwendet werden.

# *Pawlowa-Torte* Dauert länger

**Für den Baiserboden:**
- 5 Eiweiß (Größe M, etwa 150 ml)
- 300 g feinster Kristallzucker

**Für die Füllung:**
- 750 g frische Erdbeeren
- 80 g Zucker
- 1 Pck. Dr. Oetker Vanillin-Zucker
- 8 Blatt weiße Gelatine
- 750 g Schlagsahne

**Zum Bestäuben:**
- Puderzucker

**1** Backpapier auf ein Backblech (gefettet) legen. Einen Kreis (Ø etwa 24 cm) aufzeichnen.

**2** Für den Boden Eiweiß und 200 g Zucker in einer Rührschüssel mit Handrührgerät mit Rührbesen etwa 5 Minuten aufschlagen. Restlichen Zucker einrieseln lassen und weitere etwa 3 Minuten schlagen. Vier Esslöffel von der Baisermasse in dem aufgezeichneten Kreis verstreichen. Restliche Baisermasse in einen Spritzbeutel mit großer Sterntülle geben. Etwa dreißig, 4 cm hohe Tupfen dicht an dicht an den Rand des Kreises spritzen. Das Backblech in den vorgeheizten Backofen schieben.

Ober-/Unterhitze: etwa 160 °C
Heißluft: etwa 140 °C
Backzeit: etwa 10 Minuten.

**3** Nach der angegebenen Backzeit den Backofen auf Ober-/Unterhitze: etwa 100 °C, Heißluft: etwa 80 °C herunterschalten. Baisergebäck etwa 1 Stunde trocknen lassen. Das Baisergebäck mit dem Backpapier vom Backblech auf einen Kuchenrost ziehen, erkalten lassen.

**4** Für die Füllung Erdbeeren putzen, waschen, trockentupfen. Etwa 300 g Erdbeeren halbieren und auf den Baiserboden legen. 8–10 Erdbeeren zum Garnieren beiseitelegen. Restliche Erdbeeren vierteln, mit Zucker bestreuen und mit einer Gabel zerdrücken.

**5** Gelatine in kaltem Wasser nach Packungsanleitung einweichen, in einem kleinen Topf bei schwacher Hitze unter Rühren erwärmen (nicht kochen), bis sie völlig gelöst ist. Erdbeerpüree und 1 Esslöffel Sahne unterrühren, kurz kaltstellen. Restliche Sahne steif schlagen. Wenn das Püree anfängt dicklich zu werden, Sahne unterheben. Sahnemasse auf dem Boden verteilen. Torte etwa 1 ½ Stunden kaltstellen.

**6** Die Tortenoberfläche mit den beiseite gelegten, halbierten Erdbeeren garnieren und mit Puderzucker bestäuben.

**Zubereitungszeit:** 50 Minuten, ohne Kühlzeit
**Backzeit:** etwa 10 Minuten
**Trockenzeit:** etwa 1 Stunde

**Insgesamt:**
E: 52 g, F: 236 g, Kh: 457 g,
kJ: 17815, kcal: 4259

# Mangotorte Für Gäste

**Für den Knetteig:**

150 g Weizenmehl
1 Msp. Dr. Oetker Backin
50 g Zucker
1 Pck. Dr. Oetker Vanillin-Zucker
100 g weiche Butter oder Margarine

**Für den Biskuitteig**

3 Eier (Größe M)
4 EL heißes Wasser
125 g Zucker
1 Pck. Dr. Oetker Vanillin-Zucker
100 g Weizenmehl
65 g Speisestärke
2 gestr. TL Dr. Oetker Backin
50 g zerlassene Butter

2–3 EL Aprikosenkonfitüre

**Für die Füllung:**

4 Blatt weiße Gelatine
1 mittelgroße Mango (etwa 500 g)
500 g Schlagsahne
1 TL Zitronensaft

**Für den Belag:**

250 g Schlagsahne
1 Pck. Dr. Oetker Sahnesteif
1 Pck. Dr. Oetker Vanillin-Zucker
1 mittelgroße Mango (etwa 500 g)
gehackte Pistazienkerne

**Zubereitungszeit:** 40 Minuten, ohne Abkühlzeit
**Backzeit:** 35–45 Minuten

**Insgesamt:** E: 75 g, F: 393 g, Kh: 591 g, kJ: 26423, kcal: 6316

1 Für den Teig Mehl in eine Rührschüssel sieben. Restliche Zutaten hinzufügen und mit Handrührgerät mit Rührbesen auf höchster Stufe gut durcharbeiten. Anschließend auf einer bemehlten Arbeitsfläche zu einem glatten Teig verkneten. Sollte er kleben, ihn in Folie gewickelt eine Zeit lang kaltstellen.

2 Den Teig auf dem Boden einer Springform (Ø 28, Boden gefettet) ausrollen. Teigboden mehrmals mit einer Gabel einstechen. Den Springformrand darumstellen. Die Form auf dem Rost in den vorgeheizten Backofen schieben.

Ober-/Unterhitze: etwa 200 °C
Heißluft: etwa 180 °C
Backzeit: etwa 15 Minuten.

3 Den Knetteigboden sofort vom Springformboden lösen, aber darauf erkalten lassen.

4 Für den Biskuitteig Eier und Wasser in einer Rührschüssel mit Handrührgerät mit Rührbesen auf höchster Stufe in 1 Minute schaumig schlagen. Zucker mit Vanillin-Zucker mischen, in 1 Minute unter Rühren einstreuen, dann noch etwa 2 Minuten schlagen.

5 Mehl mit Speisestärke und Backpulver mischen, die Hälfte davon auf die Eiercreme sieben und kurz auf niedrigster Stufe unterrühren. Restliches Mehlgemisch auf die gleiche Weise unterarbeiten. Butter unterrühren. Den Teig in eine Springform (Ø 28 cm, Boden gefettet, mit Backpapier belegt) geben und glattstreichen. Die Form auf dem Rost in den vorgeheizten Backofen schieben.

Ober-/Unterhitze: etwa 180 °C
Heißluft: etwa 160 °C
Backzeit: 20–30 Minuten.

6 Den Biskuitboden aus der Form lösen, auf einen Kuchenrost stürzen und erkalten lassen. Mitgebackenes Backpapier entfernen. Boden einmal waagerecht durchschneiden.

7 Für die Füllung Gelatine in kaltem Wasser nach Packungsanleitung einweichen. Mango halbieren, entsteinen, schälen, pürieren und 300 g abwiegen.

*(Fortsetzung Seite 40)*

**8** Gelatine in einem kleinen Topf unter Rühren erwärmen (nicht kochen), bis sie vollständig gelöst ist, leicht abkühlen lassen. Gelatine mit 2 Esslöffeln des Mangopürees verrühren, dann mit dem restlichen Püree verrühren. Sahne steif schlagen, Püreemasse und Zitronensaft unterrühren.

**9** Den Knetteigboden auf eine Tortenplatte legen und mit glatt gerührter Aprikosenkonfitüre bestreichen. Den unteren Biskuitboden darauflegen. Die Creme kuppelartig auf den Biskuitboden streichen. Den oberen Biskuitboden darauflegen und seitlich etwas herunterdrücken.

**10** Für den Belag Sahne mit Sahnesteif und Vanillin-Zucker steif schlagen. Tortenoberfläche und -rand mit der Hälfte der Sahne bestreichen. Restliche Sahne in einen Spritzbeutel mit kleiner Sterntülle füllen. Den Tortenrand damit verzieren.

**11** Mango wie beschrieben schälen und in Spalten schneiden. Die Tortenoberfläche mit den Mangospalten garnieren und mit Pistazienkernen bestreuen.

# *Rhabarbertorte* Raffiniert

**Für den Rührteig:**
- 200 g Butter oder Margarine
- 150 g Zucker
- 3 Eier (Größe M)
- 300 g Weizenmehl
- 2 gestr. TL Dr. Oetker Backin
- 100 g Haselnusskrokant

**Für den Belag:**
- 800 g Rhabarber

**Zum Bestäuben:**
- 30 g Puderzucker

**Zubereitungszeit:**
30 Minuten, ohne Abkühlzeit
**Backzeit:** etwa 40 Minuten

**Insgesamt:**
E: 56 g, F: 203 g, Kh: 462 g,
kJ: 16523, kcal: 3947

**1** Für den Teig Butter oder Margarine in einer Rührschüssel mit Handrührgerät mit Rührbesen geschmeidig rühren. Nach und nach Zucker unterrühren. So lange rühren, bis eine gebundene Masse entstanden ist.

**2** Eier nach und nach unterrühren (jedes Ei etwa ½ Minute). Mehl und Backpulver mischen, sieben und in 2 Portionen auf mittlerer Stufe unterrühren.

**3** Den Teig in eine Springform (Ø 26 cm, Boden gefettet) geben und glattstreichen. Haselnusskrokant daraufstreuen.

**4** Für den Belag von dem Rhabarber Stielenden und Blattansätze entfernen, Stangen in etwa 2 cm lange Stücke schneiden. Rhabarberstücke waschen, abtropfen lassen und auf dem Teig verteilen. Die Form auf dem Rost in den vorgeheizten Backofen schieben.

Ober-/Unterhitze: etwa 180 °C
Heißluft: etwa 160 °C
Backzeit: etwa 40 Minuten.

**5** Die Torte etwa 10 Minuten in der Form stehen lassen, dann aus der Form lösen und auf einem Kuchenrost erkalten lassen. Die Torte mit Puderzucker bestäuben.

# Arme-Ritter-Torte

Für Kinder – raffiniert

**Für den Rührteig:**

125 g Butter oder Margarine
50 g brauner Zucker
1 Pck. Dr. Oetker Vanillin-Zucker
100 g Ahornsirup
3 Eier (Größe M)
200 g Weizenmehl
2 gestr. TL Dr. Oetker Backin
3–4 EL Milch
75 g abgezogene, gemahlene Mandeln

**Für die Füllung:**

4 mittelgroße Äpfel
1 EL Zitronensaft

**Für den Belag:**

125 ml (1/8 l) Milch
1 Ei (Größe M)
1–2 EL Zucker
2 Scheiben Toastbrot oder 1 Brötchen (Semmel, [vom Vortag])
25 g abgezogene, gemahlene Mandeln
50 g Butter

**Zum Bestäuben:**

30 g Puderzucker

**1** Für den Teig Butter oder Margarine mit Handrührgerät mit Rührbesen auf höchster Stufe geschmeidig rühren. Nach und nach Zucker, Vanillin-Zucker und Sirup unterrühren. So lange rühren, bis eine gebundene Masse entstanden ist.

**2** Eier nach und nach unterrühren (jedes Ei etwa ½ Minute). Mehl mit Backpulver mischen, sieben, abwechselnd in 2 Portionen mit Milch und Mandeln auf mittlerer Stufe unterrühren. Die Hälfte des Teiges in eine Springform (Ø 26 cm, Boden gefettet) geben und glattstreichen.

**3** Für die Füllung Äpfel schälen, mit einem Apfelausstecher das Kerngehäuse herausstechen. Äpfel in etwa 1 cm dicke Ringe schneiden und mit Zitronensaft beträufeln. Apfelringe dachziegelartig auf den Teig legen. Restlichen Teig darauf verteilen.

**4** Für den Belag Milch, Eier und Zucker gut verrühren. Toastbrot oder Brötchen darin einweichen. Toast- oder Brötchenscheiben in je 4 Dreiecke schneiden, auf dem Teig verteilen und mit Mandeln bestreuen. Butter in Flöckchen daraufsetzen. Die Form auf dem Rost in den vorgeheizten Backofen schieben.

Ober-/Unterhitze: etwa 180 °C
Heißluft: etwa 160 °C
Backzeit: etwa 50 Minuten.

**5** Die Form auf einen Kuchenrost stellen. Die Torte etwas abkühlen lassen. Dann die Torte aus der Form lösen und auf einem Kuchenrost erkalten lassen. Tortenoberfläche mit Puderzucker bestäuben.

**Tipp:** Die erkaltete Torte mit etwas Ahornsirup beträufeln.

**Zubereitungszeit:**
45 Minuten, ohne Abkühlzeit
**Backzeit:** etwa 50 Minuten

**Insgesamt:**
E: 77 g, F: 237 g, Kh: 401 g,
kJ: 17075, kcal: 4076

# Feine Erdbeertorte Klassisch

**Für den Knetteig:**
150 g Weizenmehl
40 g Zucker
1 Pck. Dr. Oetker Vanillin-Zucker
100 g weiche Butter oder Margarine

**Für den All-in-Teig:**
55 g Weizenmehl
1 ½ gestr. TL Dr. Oetker Backin
55 g Zucker
1 Pck. Dr. Oetker Vanillin-Zucker
2 Eier (Größe M)
55 g weiche Butter oder Margarine

**Zum Bestreichen:**
50 g Zartbitter-Schokolade

**Für den Belag:**
1 kg Erdbeeren
150 g Zucker

**Für den Guss:**
knapp 250 ml (¼ l) Wasser
knapp 250 ml (¼ l) klarer Apfelsaft
2 Pck. Tortenguss, rot
80 g Zucker

**Zum Bestreuen:**
abgezogene, gehackte Mandeln

**Zubereitungszeit:**
50 Minuten, ohne Kühl- und Durchziehzeit
**Backzeit:** etwa 35 Minuten

**Insgesamt:**
E: 53 g, F: 193 g, Kh: 631 g, kJ: 18999, kcal: 4538

**1** Für den Knetteig Mehl in eine Rührschüssel sieben. Restliche Zutaten hinzufügen und mit Handrührgerät mit Rührbesen auf höchster Stufe gut durcharbeiten. Anschließend auf einer leicht bemehlten Arbeitsfläche zu einem glatten Teig verkneten. Sollte er kleben, ihn in Folie gewickelt eine Zeit lang kalt stellen.

**2** Den Teig auf dem Boden einer Springform (Ø 26 cm, Boden gefettet) ausrollen. Teigboden mehrmals mit einer Gabel einstechen. Springformrand darumstellen. Die Form auf dem Rost in den vorgeheizten Backofen schieben.

Ober-/Unterhitze: etwa 200 °C
Heißluft: etwa 180 °C
Backzeit: etwa 15 Minuten.

**3** Den Boden sofort vom Springformboden lösen, aber darauf erkalten lassen.

**4** Für den All-in-Teig Mehl mit Backpulver mischen und in eine Rührschüssel sieben. Restliche Zutaten hinzufügen und mit Handrührgerät mit Rührbesen auf höchster Stufe in etwa 2 Minuten zu einem glatten Teig verarbeiten.

**5** Den Teig in eine Springform (Ø 26 cm, Boden gefettet) geben und glattstreichen. Die Form auf dem Rost in den heißen Backofen schieben.

Ober-/Unterhitze: etwa 180 °C
Heißluft: etwa 160 °C
Backzeit: etwa 20 Minuten.

**6** Den Tortenboden aus der Form lösen, auf einen mit Backpapier belegten Kuchenrost stürzen. Mitgebackenes Backpapier abziehen. Tortenboden erkalten lassen.

**7** Zum Bestreichen Schokolade in Stücke brechen, in einem kleinen Topf im heißen Wasserbad bei schwacher Hitze schmelzen. Den Knetteigboden auf eine Tortenplatte legen und mit der Schokolade bestreichen. Den All-in-Teig-Boden darauflegen und leicht andrücken. Einen Tortenring darumlegen.

**8** Für den Belag Erdbeeren waschen, abtropfen lassen, entstielen, halbieren, mit Zucker bestreuen und etwa 30 Minuten durchziehen lassen. Anschließend in einem Sieb gut abtropfen lassen und den Saft auffangen. Erdbeerhälften dicht an dicht senkrecht auf den Boden setzen.

*(Fortsetzung Seite 46)*

**9** Für den Guss den aufgefangenen Erdbeersaft mit Wasser und Apfelsaft auf 500 ml (½ l) auffüllen. Aus Tortengusspulver, Zucker und der Flüssigkeit nach Packungsanleitung einen Guss zubereiten. Den Guss vorsichtig auf den Erdbeerhälften verteilen, Guss fest werden lassen.

**10** Tortenring vorsichtig lösen und entfernen. Den Tortenrand mit Mandeln bestreuen.

# Birnentorte mit Rotwein-Creme

**Für Gäste – mit Alkohol**

**Für den Knetteig:**
- 250 g Weizenmehl
- 75 g Zucker
- 1 Pck. Dr. Oetker Vanillin-Zucker
- 150 g Butter oder Margarine

- 1 gestr. EL Weizenmehl für den Rand

**Für den Belag:**
- 1 Dose Birnenhälften (Abtropfgewicht 460 g)
- 1 Pck. Rotwein-Creme
- 5 EL Wasser
- 250 g Schlagsahne
- 15 g Zucker
- 1 Pck. Dr. Oetker Sahnesteif

**Zum Garnieren:**
- 50 g geraspelte Zartbitter-Schokolade

**Zubereitungszeit:**
40 Minuten, ohne Kühlzeit
**Backzeit:** etwa 20 Minuten

**Insgesamt:**
E: 42 g, F: 225 g, Kh: 499 g,
kJ: 18150, kcal: 4334

**1** Für den Teig Mehl in eine Rührschüssel sieben. Restliche Zutaten hinzufügen und mit Handrührgerät mit Rührbesen auf höchster Stufe gut durcharbeiten. Anschließend auf einer bemehlten Arbeitsfläche zu einem glatten Teig verkneten. Sollte er kleben, ihn in Folie gewickelt eine Zeit lang kaltstellen.

**2** Gut zwei Drittel des Teiges auf dem Boden einer Springform (Ø 28 cm, Boden gefettet) ausrollen. Restlichen Teig mit 1 Esslöffel Mehl verkneten, zu einer Rolle formen, als Rand auf den Teigboden legen, so an die Form drücken, dass ein 3 cm hoher Rand entsteht. Teigboden mehrmals mit einer Gabel einstechen. Die Form auf dem Rost in den vorgeheizten Backofen schieben.

Ober-/Unterhitze: 200–220 °C
Heißluft: 180–200 °C
Backzeit: etwa 20 Minuten.

**3** Den Tortenboden sofort aus der Form lösen und auf einem Kuchenrost erkalten lassen. Tortenboden auf eine Tortenplatte legen.

**4** Für den Belag Birnenhälften gut abtropfen lassen, in Scheiben schneiden und auf dem Tortenboden verteilen. Rotwein-Creme mit Wasser und Rotwein (ist in der Packung) nach Packungsanleitung zubereiten. Sahne mit Zucker und Sahnesteif steif schlagen. Die Hälfte der Sahne in einen Spritzbeutel mit Sterntülle füllen. Restliche Sahne unter die Rotweinmasse rühren. Die Creme auf den Birnenscheiben verteilen.

**5** Die Torte mit der Sahne aus dem Spritzbeutel verzieren und mit geraspelter Schokolade bestreuen. Torte kaltstellen.

**Tipp:** Die Torte statt mit Birnen mit blauen Weintrauben zubereiten.

# Tartes

Einfach

# Traubentarte

**Zum Vorbereiten:**
200 g grüne Weintrauben
200 g blaue Weintrauben

**Für den Rührteig:**
250 g Butter oder Margarine
225 g Zucker
4 Eier (Größe M)
150 g Dinkel-Vollkornmehl
75 g gesiebtes Weizenmehl
2 gestr. TL Dr. Oetker Backin

**Zum Bestreichen:**
3 EL Quittengelee

**1** Zum Vorbereiten Weintrauben waschen, trockentupfen, entstielen, halbieren und entkernen.

**2** Für den Teig Butter oder Margarine mit Handrührgerät mit Rührbesen auf höchster Stufe geschmeidig rühren. Nach und nach Zucker unterrühren. So lange rühren, bis eine gebundene Masse entstanden ist. Eier nach und nach unterrühren (jedes Ei etwa ½ Minute).

**3** Beide Mehlsorten und Backpulver mischen, in 2 Portionen auf mittlerer Stufe unterrühren. Den Teig in eine Tarteform (Ø 30 cm, gefettet) geben und glattstreichen. Weintraubenhälften auf dem Teig verteilen. Die Form auf dem Rost in den vorgeheizten Backofen schieben.

Ober-/Unterhitze: etwa 180 °C
Heißluft: etwa 160 °C
Backzeit: etwa 40 Minuten.

**4** Die Form auf einen Kuchenrost stellen. Die Tarte etwas abkühlen lassen.

**5** Zum Bestreichen Gelee in einem kleinen Topf kurz aufkochen lassen. Die noch warme Tarte damit bestreichen. Tarte erkalten lassen.

**Zubereitungszeit:**
40 Minuten, ohne Abkühlzeit
**Backzeit:** etwa 40 Minuten

**Insgesamt:**
E: 59 g, F: 241 g, Kh: 488 g,
kJ: 18387, kcal: 4394

# Preiselbeertarte mit Haferflocken

Fruchtig

**Zum Vorbereiten für den Belag:**

70 g Kürbiskerne
30 g Zucker
30 g Haferflocken
30 g Butterschmalz

**Für den All-In-Teig:**

200 g Weizenmehl
2 gestr. TL Dr. Oetker Backin
70 g Zucker
1 Pck. Dr. Oetker Vanillin-Zucker
50 g kernige Haferflocken
2 Eier (Größe M)
125 g weiche Butter oder Margarine
5 EL Milch

1 Glas Wild-Preiselbeeren (Auslese, Einwaage 400 g)

250 g Speisequark (20 % Fett i. Tr.)
1 gestr. TL Dr. Oetker Finesse Geriebene Zitronenschale
20 g Zucker

1 Zum Vorbereiten Kürbiskerne in einer Pfanne ohne Fett goldbraun rösten. Zucker, Haferflocken und Butterschmalz hinzugeben. So lange erhitzen, bis das Schmalz aufgesogen ist. Die Masse erkalten lassen und beiseitestellen.

2 Für den Teig Mehl mit Backpulver mischen und in eine Rührschüssel sieben. Zucker, Vanillin-Zucker, Haferflocken, Eier, Butter oder Margarine und Milch hinzufügen. Die Zutaten mit Handrührgerät mit Rührbesen zunächst kurz auf niedrigster, dann auf höchster Stufe in etwa 2 Minuten zu einem glatten Teig verarbeiten.

3 Den Teig in eine Tarte- oder Springform (Ø 28 cm, gefettet, gemehlt) geben und glattstreichen. Preiselbeeren gleichmäßig auf den Teig streichen.

4 Quark mit Zitronenschale und Zucker verrühren und in Klecksen auf den Preiselbeeren verteilen. Die beiseite gestellte Haferflockenmasse daraufstreuen. Die Form auf dem Rost in den vorgeheizten Backofen schieben.

Ober-/Unterhitze: etwa 180 °C
Heißluft: etwa 160 °C
Backzeit: etwa 40 Minuten.

5 Die Form auf einen Kuchenrost stellen. Die Tarte erkalten lassen.

**Zubereitungszeit:**
40 Minuten, ohne Abkühlzeit
**Backzeit:** etwa 40 Minuten

**Insgesamt:**
E: 94 g, F: 205 g, Kh: 516 g,
kJ: 18195, kcal: 4347

# Brombeertarte Einfach

**Für den Knetteig:**

250 g Weizenmehl
2 gestr. TL Dr. Oetker Backin
75 g Zucker
1 Pck. Dr. Oetker Vanillin-Zucker
1 Ei (Größe M)
125 g weiche Butter oder Margarine

**Für den Belag:**

50 g Löffelbiskuits
500 g Brombeeren

**Für den Guss:**

100 g Schmand (Sauerrahm)
3 EL Orangensaft
100 g Zucker
1 Pck. Dr. Oetker Vanillin-Zucker
1 Ei (Größe M)
100 g abgezogene, gemahlene Mandeln

1 Für den Teig Mehl mit Backpulver mischen und in eine Rührschüssel sieben. Zucker, Vanillin-Zucker, Ei und Butter oder Margarine hinzufügen. Die Zutaten mit Handrührgerät mit Rührbesen zunächst kurz auf niedrigster, dann auf höchster Stufe gut durcharbeiten.

2 Anschließend auf einer bemehlten Arbeitsfläche zu einem glatten Teig verkneten. Sollte er kleben, ihn in Folie gewickelt eine Zeit lang kaltstellen.

3 Den Teig auf der leicht bemehlten Arbeitsfläche zu einer runden Platte in Größe der Tarteform ausrollen und in die Tarteform (Ø 30 cm, gefettet) oder in eine Springform (Ø 28 cm, Boden gefettet) legen und am Rand etwas hochdrücken.

4 Für den Belag Löffelbiskuits in einen Gefrierbeutel geben, den Beutel verschließen. Löffelbiskuits mit einer Teigrolle fein zerbröseln. Die Brösel auf dem Teigboden verteilen.

5 Brombeeren putzen, vorsichtig waschen, gut abtropfen lassen und 400 g auf die Biskuitbrösel geben.

6 Für den Guss Schmand mit Orangensaft, Zucker, Vanillin-Zucker, Ei und Mandeln mit einem Schneebesen verrühren und auf den Brombeeren verteilen. Die restlichen Brombeeren darauflegen. Die Form auf dem Rost in den vorgeheizten Backofen schieben.

Ober-/Unterhitze: etwa 180 °C
Heißluft: etwa 160 °C
Backzeit: etwa 40 Minuten.

7 Die Tarte vorsichtig aus der Form lösen, auf einem mit Backpapier belegten Kuchenrost oder in der Tarteform erkalten lassen.

**Zubereitungszeit:**
30 Minuten, ohne Abkühlzeit
**Backzeit:** etwa 40 Minuten

**Insgesamt:**
E: 73 g, F: 210 g, Kh: 436 g,
kJ: 16625, kcal: 3974

# *Mirabellen-Quark-Tarte*

Fruchtig

**Für den Streuselteig:**

200 g Weizenmehl
2 gestr. TL Dr. Oetker Backin
50 g abgezogene, gehackte Mandeln
70 g Zucker
1 Pck. Dr. Oetker Vanillin-Zucker
1 Eigelb (Größe M)
125 g weiche Butter oder Margarine

**Für die Füllung:**

abgeriebene Schale von 1 Bio-Orange (unbehandelt, ungewachst)
100 g weiche Butter
150 g Zucker
500 g Speisequark (20 % Fett i. Tr.)
2 Eier (Größe M)

**Für den Belag:**

500 g Mirabellen

1 EL Zucker zum Bestreuen

1 Für den Teig Mehl mit Backpulver mischen und in eine Rührschüssel sieben. Mandeln, Zucker, Vanillin-Zucker, Eigelb und Butter oder Margarine hinzufügen. Die Zutaten mit Handrührgerät mit Rührbesen zunächst kurz auf niedrigster, dann auf höchster Stufe zu Streuseln von gewünschter Größe verarbeiten.

2 Die Hälfte der Teigstreusel in eine Springform (Ø 26 cm, gefettet) geben und mit einem Löffel zu einem Boden andrücken.

3 Die Form auf dem Rost in den vorgeheizten Backofen schieben und den Boden vorbacken.

Ober-/Unterhitze: etwa 180 °C
Heißluft: etwa 160 °C
Backzeit: etwa 15 Minuten.

4 Die Form auf einen Kuchenrost stellen. Den Boden etwas abkühlen lassen.

5 Für die Füllung Orange heiß abwaschen, abtrocknen und die Schale abreiben. Butter und Zucker in einer Rührschüssel mit Handrührgerät mit Rührbesen geschmeidig rühren. Quark, Eier und Orangenschale unterrühren.

6 Für den Belag Mirabellen waschen, abtropfen lassen, entstielen, halbieren und entsteinen.

7 Die Quarkmasse auf den vorgebackenen Boden geben und glattstreichen. Mirabellenhälften darauflegen. Restliche Teigstreusel darauf verteilen und mit Zucker bestreuen.

8 Die Form auf dem Rost in den vorgeheizten Backofen schieben und die Tarte bei der **oben angegebenen Backofeneinstellung in etwa 50 Minuten** fertig backen.

9 Die Form auf einen Kuchenrost stellen. Die Tarte in der Form erkalten lassen, dann aus der Form lösen und auf eine Tortenplatte legen.

**Tipp:** Sie können die Tarte auch mit 1 Glas Mirabellen (Abtropfgewicht 380 g) zubereiten. Dann Mirabellen abtropfen lassen und entsteinen.

**Zubereitungszeit:**
40 Minuten, ohne Abkühlzeit
**Backzeit:** etwa 65 Minuten

**Insgesamt:**
E: 110 g, F: 265 g, Kh: 469 g,
kJ: 20003, kcal: 4778

# Pfirsich-Mandel-Tarte

Raffiniert

**Für den Knetteig:**

300 g Weizenmehl
100 g Zucker
1 Prise Salz
200 g weiche Butter oder Margarine
2 EL kaltes Wasser

**Für den Belag:**

5 Pfirsiche (etwa 850 g)

**Für den Mandelrahm:**

150 g Schlagsahne
150 g Zucker
50 g Butter
200 g abgezogene, gestiftelte Mandeln

1 Für den Teig Mehl in eine Rührschüssel sieben. Zucker, Salz, Butter oder Margarine und Wasser hinzufügen. Die Zutaten mit Handrührgerät mit Rührbesen zunächst kurz auf niedrigster, dann auf höchster Stufe gut durcharbeiten.

2 Anschließend auf einer bemehlten Arbeitsfläche zu einem glatten Teig verkneten. Sollte er kleben, ihn in Folie gewickelt eine Zeit lang kaltstellen.

3 Den Teig auf der bemehlten Arbeitsfläche zu einer runden Platte (Ø etwa 30 cm) ausrollen und in eine Tarteform (Ø 28 cm, gefettet) legen, dabei den Rand andrücken.

4 Für den Belag Pfirsiche in kochendem Wasser 3–5 Minuten blanchieren, herausnehmen und kurz in kaltes Wasser legen. Pfirsiche enthäuten, halbieren, entsteinen und in Spalten schneiden. Pfirsichspalten auf den Teigboden legen.

5 Für den Rahm Sahne, Zucker, Butter und Mandeln in einem Topf unter Rühren aufkochen lassen. Die Masse auf den Pfirsichspalten verteilen. Die Form auf dem Rost in den vorgeheizten Backofen schieben.

Ober-/Unterhitze: etwa 180 °C
Heißluft: etwa 160 °C
Backzeit: etwa 45 Minuten.

6 Die Form auf einen Kuchenrost stellen. Die Tarte etwa 1 Stunde abkühlen lassen.

**Tipp:** Schneller geht es, wenn Sie 1 Dose abgetropfte Pfirsichhälften (Abtropfgewicht 500 g) verwenden.

**Zubereitungszeit:**
50 Minuten, ohne Abkühlzeit
**Backzeit:** etwa 45 Minuten

**Insgesamt:**
E: 77 g, F: 370 g, Kh: 543 g, kJ: 24470, kcal: 5847

# Himbeer-Aprikosen-Tarte

Raffiniert

**Für den Knetteig:**

220 g Weizenmehl
85 g Zucker
1 Ei (Größe M)
125 g weiche Butter oder Margarine

**Für den Belag:**

1 kleine Dose Aprikosenhälften (Abtropfgewicht 240 g)
250 g frische Himbeeren
1 Becher (150 g) Crème fraîche
3 Eier (Größe M)
3 EL Zucker
1 Pck. Dr. Oetker Finesse Bourbon-Vanille-Aroma

**Zum Bestreichen:**

2 EL Aprikosenkonfitüre

1 Für den Teig Mehl in eine Rührschüssel sieben. Zucker, Ei und Butter oder Margarine hinzufügen. Die Zutaten mit Handrührgerät mit Rührbesen zunächst kurz auf niedrigster, dann auf höchster Stufe gut durcharbeiten.

2 Anschließend auf einer bemehlten Arbeitsfläche zu einem glatten Teig verkneten. Sollte er kleben, ihn in Folie gewickelt eine Zeit lang kaltstellen.

3 Zwei Drittel des Teiges auf einer bemehlten Arbeitsfläche zu einem Rechteck (etwa 20 x 28 cm) ausrollen. Den Teig in eine rechteckige Pie- oder Tarteform (20 x 28 cm, gefettet) legen. Den Teigboden mehrmals mit einer Gabel einstechen. Die Form auf dem Rost in den vorgeheizten Backofen schieben und den Boden vorbacken.

Ober-/Unterhitze: etwa 180 °C
Heißluft: etwa 160 °C
Backzeit: etwa 20 Minuten.

4 Die Form auf einen Kuchenrost stellen. Gebäckboden etwas abkühlen lassen.

5 Restlichen Teig zu einer Rolle formen, auf den vorgebackenen Boden legen und so an die Form drücken, dass ein Rand entsteht.

6 Für den Belag Aprikosenhälften in einem Sieb gut abtropfen lassen. Himbeeren verlesen, eventuell kurz abspülen und mit Küchenpapier trockentupfen.

7 Crème fraîche mit Eiern, Zucker und Aroma zu einer geschmeidigen Masse verrühren.

8 Die Masse auf dem vorgebackenem Boden verteilen. Aprikosenhälften und Himbeeren darauf verteilen. Die Form wieder auf dem Rost in den heißen Backofen schieben und die Tarte **bei gleicher Backofeneinstellung in etwa 25 Minuten** fertig backen.

9 Die Form auf einen Kuchenrost stellen. Die Tarte etwas abkühlen lassen.

10 Zum Bestreichen Konfitüre durch ein Sieb streichen. Die Tarte damit bestreichen. Tarte erkalten lassen.

**Zubereitungszeit:**
25 Minuten, ohne Abkühlzeit
**Backzeit:** etwa 45 Minuten

**Insgesamt:**
E: 60 g, F: 181 g, Kh: 395 g,
kJ: 14640, kcal: 3503

# Kirsch-Zitronen-Tarte

Fruchtig

**Für den Knetteig:**
200 g Weizenmehl
150 g weiche Butter oder Margarine
40 g Zucker
1 gestr. TL Salz

**Für den Belag:**
250 g Herzkirschen (süße, dunkle Kirschen)

**Für die Füllung:**
3 Eier (Größe M)
150 g Crème fraîche
80 g Zucker
100 ml Zitronensaft

1 Für den Teig Mehl in eine Rührschüssel sieben. Butter oder Margarine, Zucker und Salz hinzufügen. Die Zutaten mit Handrührgerät mit Rührbesen zunächst kurz auf niedrigster, dann auf höchster Stufe gut durcharbeiten.

2 Anschließend auf einer bemehlten Arbeitsfläche zu einem glatten Teig verkneten. Sollte er kleben, ihn in Folie gewickelt eine Zeit lang kaltstellen.

3 Zwei Drittel des Teiges auf dem Boden einer Springform oder Tarteform (Ø 26 cm, gefettet) ausrollen, den Springformrand darumstellen. Teigboden mehrmals mit einer Gabel einstechen. Die Form auf dem Rost in den vorgeheizten Backofen schieben und den Boden vorbacken.

Ober-/Unterhitze: etwa 180 °C
Heißluft: etwa 160 °C
Backzeit: etwa 15 Minuten.

4 Die Form auf einen Kuchenrost stellen. Den Boden etwas abkühlen lassen.

5 Für den Belag Kirschen waschen, abtropfen lassen, entstielen und entsteinen.

6 Für die Füllung Eier, Crème fraîche und Zucker zu einer glatten Masse verrühren, Zitronensaft unterrühren.

7 Restlichen Teig zu einer langen Rolle formen, auf den vorgebackenen Boden legen und so an die Form drücken, dass ein etwa 1 cm hoher Rand entsteht.

8 Die Eier-Crème fraîche-Masse auf den Boden geben und glattstreichen. Kirschen darauf verteilen. Die Form wieder auf dem Rost in den vorgeheizten Backofen schieben und die Tarte **bei gleicher Backofeneinstellung in etwa 40 Minuten** fertig backen.

9 Die Tarte etwa 10 Minuten in der Form stehen lassen, dann aus der Form lösen und auf einem Kuchenrost erkalten lassen.

**Zubereitungszeit:** 45 Minuten, ohne Abkühlzeit
**Backzeit:** etwa 55 Minuten

**Insgesamt:**
E: 48 g, F: 195 g, Kh: 302 g, kJ: 13357, kcal: 3199

**Tipp:** Sie können die Tarte auch mit 1 Glas gut abgetropfte Sauerkirschen (Abtropfgewicht 185 g) zubereiten.

# Gewürz-Kirsch-Tarte

Einfach

**Zum Vorbereiten:**

1 Glas Sauerkirschen (Abtropfgewicht 370 g)

**Für den Rührteig:**

125 g Butter oder Margarine
110 g Zucker
1 gestr. TL Zimt
½ gestr. TL gemahlener Piment
1 gestr. TL Dr. Oetker Finesse Geriebene Zitronenschale
2 Eier (Größe M)
170 g Weizenmehl
2 gestr. TL Dr. Oekter Backin

**Für die Streusel:**

170 g Weizenmehl
1 gestr. TL Dr. Oetker Backin
40 g Kakaopulver
110 g Zucker
3 EL gehackte Cashewkerne
1 Pck. (25 g) gehackte Pistazienkerne
125 g weiche Butter oder Margarine

1 Zum Vorbereiten Sauerkirschen in einem Sieb gut abtropfen lassen.

2 Für den Teig Butter oder Margarine mit Handrührgerät mit Rührbesen auf höchster Stufe geschmeidig rühren. Nach und nach Zucker, Zimt, Piment und Zitronenschale unterrühren. So lange rühren, bis eine gebundene Masse entstanden ist.

3 Eier nach und nach unterrühren (jedes Ei etwa ½ Minute). Mehl mit Backpulver mischen, sieben und in 2 Portionen auf mittlerer Stufe unterrühren. Den Teig in eine Tarteform (Ø 28 cm, gefettet) geben und glattstreichen. Sauerkirschen darauf verteilen.

4 Für die Streusel Mehl mit Backpulver und Kakao mischen, in eine Rührschüssel sieben. Zucker, Cashew- und Pistazienkerne und Butter oder Margarine hinzufügen. Die Zutaten mit Handrührgerät mit Rührbesen zu Streuseln von gewünschter Größe verarbeiten. Die Teigstreusel auf den Sauerkirschen verteilen. Die Form auf dem Rost in den vorgeheizten Backofen schieben.

Ober-/Unterhitze: etwa 180 °C
Heißluft: etwa 160 °C
Backzeit: etwa 45 Minuten.

5 Die Tarte aus der Form lösen und auf einem Kuchenrost erkalten lassen.

**Tipp:** Die Tarte kann auch in einer Springform (Ø 26 cm) zubereitet werden.

**Zubereitungszeit:** 50 Minuten
**Backzeit:** etwa 45 Minuten

**Insgesamt:**
E: 71 g, F: 270 g, Kh: 556 g, kJ: 20889, kcal: 4991

# Apfel-Knusper-Tarte

Schnell – mit Alkohol

**Für den Streuselteig:**

1 Pck. (400 g) Grundmischung Streuselteig
125 g Butter oder Margarine
1 Ei (Größe M)

**Für den Belag:**

50 g Eierplätzchen
500 g Äpfel
50 g Rosinen
1 EL Zucker

**Für den Guss:**

4 EL Apfelgelee
50 ml Weißwein

**Zubereitungszeit:** 20 Minuten
**Backzeit:** etwa 35 Minuten

**Insgesamt:**
E: 39 g, F: 134 g, Kh: 512 g, kJ: 14574, kcal: 3466

1 Für den Teig die Grundmischung mit Butter oder Margarine und Ei nach Packungsanleitung zu Streuseln verarbeiten. 2 Esslöffel Streusel beiseitelegen. Restliche Streusel in eine Tarte- oder Springform (Ø 26 cm, gefettet) geben und mit einem Löffel zu einem Boden andrücken.

2 Für den Belag die Eierplätzchen in einen Gefrierbeutel geben, Beutel verschließen. Eierplätzchen mit einer Teigrolle zerbröseln. Die Hälfte der Brösel auf den Streuselboden streuen.

3 Die Äpfel schälen, vierteln, entkernen und in feine Spalten schneiden. Apfelspalten ringförmig auf den Streuselboden legen. Rosinen, beiseite gelegte Streusel, restliche Plätzchenbrösel und Zucker mischen und gleichmäßig auf die Apfelspalten streuen. Die Form auf dem Rost in den vorgeheizten Backofen schieben.

Ober-/Unterhitze: etwa 180 °C
Heißluft: etwa 160 °C
Backzeit: etwa 35 Minuten.

4 Die Form auf den Kuchenrost stellen.

5 Für den Guss Gelee mit Wein in einem Topf zum Kochen bringen. Den Guss auf die heiße Tarte mit Hilfe eines Esslöffels geben. Die Tarte aus der Form lösen und auf einem Kuchenrost erkalten lassen.

**Variante:** Sie können den Streuselboden auch selbst zubereiten. Dafür 200 g Weizenmehl in eine Rührschüssel sieben. 50 g Zucker, 1 Päckchen Dr. Oetker Vanillin-Zucker und 150 g Butter oder Margarine hinzufügen. Die Zutaten mit Handrührgerät mit Rührbesen zunächst kurz auf niedrigster, dann auf höchster Stufe zu feinen Streuseln verarbeiten. Den Boden wie zuvor beschrieben in die Form geben, belegen und backen.

**Tipp:** Die Tarte mit steif geschlagener Sahne servieren.
Sie können anstelle von Äpfeln auch Mangospalten oder abgetropfte Birnenstücke aus der Dose verwenden.

# Ananas-Rahm-Tarte mit Heidelbeeren

Exotisch

**Für den Bröselboden:**

300 g Cantuccini oder Mürbeteig-gebäck
50 g Zucker
80 g weiche Butter

1 Dose Ananasstücke (Abtropf-gewicht 500 g)

**Für den Kokosguss:**

3 Eier (Größe M)
100 g Zucker
400 ml cremige Kokosmilch
1 Becher (125 g) Crème double

**Für den Belag:**

500 g Heidelbeeren
1 Pck. Tortenguss, klar
80 g Zucker
250 ml (¼ l) Ananassaft (aus der Dose)

**Zubereitungszeit:** 55 Minuten, ohne Abkühlzeit
**Backzeit:** etwa 60 Minuten

**Insgesamt:** E: 64 g, F: 253 g, Kh: 633 g, kJ: 21400, kcal: 5118

1 Für den Boden Cantuccini oder Gebäck in einen Gefrierbeutel geben. Beutel verschließen und mit einer Teigrolle zerbröseln oder im Blitzhacker zerkleinern. Teigbrösel in eine Rührschüssel geben. Zucker und Butter gut unterkneten.

2 Die Bröselmasse in eine Tarteform (Ø 26 cm, gefettet) geben und mit einem Löffel zu einem Boden andrücken. Dabei einen kleinen Rand hochdrücken.

3 Die Form auf dem Rost in den vorgeheizten Backofen schieben und den Boden vorbacken.

Ober-/Unterhitze: etwa 180 °C
Heißluft: etwa 160 °C
Backzeit: etwa 20 Minuten.

4 In der Zwischenzeit Ananasstücke in einem Sieb abtropfen lassen, den Saft auffangen und 250 ml (¼ l) abmessen.

5 Die Form auf einen Kuchenrost stellen. Den Boden etwas abkühlen lassen. Den Backofen auf Ober-/Unterhitze: etwa 160 °C, Heißluft: etwa 140 °C herunterschalten.

6 Ananasstücke in sehr kleine Stücke schneiden und auf dem vorgebackenen Boden verteilen.

7 Für den Guss Eier, Zucker, Kokosmilch und Crème double gut verrühren. Den Guss mit einem Esslöffel auf die Ananasstücke geben. Die Form wieder auf dem Rost in den vorgeheizten Backofen schieben und die Tarte fertig backen.

Ober-/Unterhitze: etwa 160 °C
Heißluft: etwa 140 °C
Backzeit: etwa 40 Minuten.

8 In der Zwischenzeit für den Belag Heidelbeeren verlesen, waschen und gut abtropfen lassen.

9 Die Form auf einen Kuchenrost stellen. Die Tarte abkühlen lassen. Heidelbeeren daraufstreuen. Aus Tortengusspulver, Zucker und Saft nach Packungsanleitung einen Guss zubereiten und auf den Heidelbeeren verteilen. Guss fest werden lassen.

# Brombeer-Krokant-Tarte

Für Gäste

**Für den Rührteig:**

150 g Butter oder Margarine
100 g Zucker
4 Eier (Größe M)
200 g Weizenmehl
1 gestr. TL Dr. Oetker Backin
50 abgezogene, gemahlene Mandeln

**Für den Belag:**

200 g Schlagsahne
1 Pck. Dr. Oetker Pudding-Pulver Vanille-Geschmack
300 ml frisch gepresster Orangensaft
80 g Zucker

250 g Brombeeren

**Für den Krokant:**

50 g abgezogene, gehackte Mandeln
70 g Zucker

**1** Für den Teig Butter oder Margarine in einer Rührschüssel mit Handrührgerät mit Rührbesen geschmeidig rühren. Nach und nach Zucker unterrühren. So lange rühren, bis eine gebundene Masse entstanden ist. Eier nach und nach unterrühren (jedes Ei etwa ½ Minute).

**2** Mehl mit Backpulver mischen, sieben, mit den Mandeln in 2 Portionen auf mittlerer Stufe unterrühren. Den Teig in eine Springform oder Tarteform (Ø 26 cm, gefettet) geben und glattstreichen.

**3** Für den Belag Sahne und Pudding-Pulver gut verrühren. Orangensaft und Zucker in einem Topf zum Kochen bringen. Angerührtes Pudding-Pulver in den von der Kochstelle genommenen Orangensaft rühren und unter Rühren gut aufkochen lassen. Die Puddingmasse etwas abkühlen lassen und auf den Teigboden streichen.

**4** Brombeeren waschen, trockentupfen und auf der Puddingmasse verteilen.

**5** Für den Krokant Mandeln in einer Pfanne ohne Fett unter Rühren goldgelb rösten. Zucker hinzufügen und karamellisieren lassen.

**6** Die Mandel-Karamell-Masse auf den Brombeeren verteilen. Die Form auf dem Rost in den vorgeheizten Backofen schieben.

Ober-/Unterhitze: etwa 180 °C
Heißluft: etwa 160 °C
Backzeit: etwa 40 Minuten.

**7** Die Form auf einen Kuchenrost stellen. Die Tarte abkühlen lassen und aus der Form lösen.

**Zubereitungszeit:** 45 Minuten, ohne Abkühlzeit
**Backzeit:** etwa 40 Minuten

**Insgesamt:**
E: 74 g, F: 274 g, Kh: 463 g, kJ: 19640, kcal: 4693

# Aprikosen-Wähe mit Marzipanguss

Raffiniert

**Zum Vorbereiten:**

1 Dose Aprikosenhälften (Abtropfgewicht 480 g)

**Für den Quark-Öl-Teig:**

300 g Weizenmehl
1 Pck. Dr. Oetker Backin
150 g Speisequark (Magerstufe)
75 g Zucker
6 EL Milch
6 EL Speiseöl
1 Prise Salz

**Zum Bestreuen:**

2 EL abgezogene, gemahlene Mandeln

**Für den Marzipanguss:**

100 g Marzipan-Rohmasse
250 g Schmand (Sauerrahm)
4 Eier (Größe M)
2 EL Speisestärke
1 Pck. Dr. Oetker Finesse Bourbon-Vanille-Aroma

2 EL abgezogene, gehobelte Mandeln
evtl. Puderzucker

1 Zum Vorbereiten Aprikosenhälften in einem Sieb gut abtropfen lassen.

2 Für den Teig Mehl mit Backpulver mischen und in eine Rührschüssel sieben. Quark, Zucker, Milch, Speiseöl und Salz hinzufügen.

3 Die Zutaten mit Handrührgerät mit Knethaken zunächst kurz auf niedrigster, dann auf höchster Stufe in etwa 1 Minute zu einem glatten Teig verarbeiten (nicht zu lange, Teig klebt sonst). Anschließend auf einer bemehlten Arbeitsfläche zu einer Rolle formen.

4 Teigrolle zu einer runden Platte (Ø etwa 30 cm) ausrollen und in eine Wähe- oder Tarteform (Ø 28 cm) legen. Überstehenden Rand abschneiden.

5 Den Teigboden mit Mandeln bestreuen und mit Aprikosenhälften belegen.

6 Für den Guss Marzipan in Stücke schneiden und in eine Rührschüssel geben. Schmand, Eier, Speisestärke und Aroma hinzufügen. Die Zutaten mit einem Schneidstab pürieren.

7 Den Guss auf den Aprikosenhälften verteilen. Den Rand mit Mandeln bestreuen. Die Form auf dem Rost in den vorgeheizten Backofen schieben.

Ober-/Unterhitze: etwa 180 °C
Heißluft: etwa 160 °C
Backzeit: etwa 30 Minuten.

8 Die Form auf einen Kuchenrost stellen. Den Wähe- oder Tarterand nach Belieben mit Puderzucker bestäuben. Wähe- oder Tarte lauwarm oder kalt als Dessert servieren.

**Zubereitungszeit:** 35 Minuten
**Backzeit:** etwa 30 Minuten

**Insgesamt:**
E: 115 g, F: 217 g, Kh: 468 g, kJ: 18144, kcal: 4334

# Rhabarber-Vanille-Tarte

Für Gäste

**Für den Streuselteig:**

200 g Weizenmehl
80 g Zucker
1 Prise Salz
150 g weiche Butter oder Margarine

**Für den Belag:**

750 g Rhabarber
2 EL Zucker

**Für den Vanilleschaum:**

3 Eier (Größe M)
100 g Zucker
1 Vanilleschote
150 g Crème fraîche

**Zum Beträufeln:**

3 EL Erdbeerkonfitüre

1 Für den Teig Mehl in eine Rührschüssel sieben. Zucker, Salz und Butter oder Margarine hinzufügen. Die Zutaten mit Handrührgerät mit Rührbesen zunächst kurz auf niedrigster, dann auf höchster Stufe zu Krümeln verarbeiten.

2 Die Teigkrümel in eine Springform oder Tarteform (Ø 26 cm, mit Backpapier belegt) geben und mit einem Löffel zu einem Boden andrücken. Die Form auf dem Rost in den vorgeheizten Backofen schieben und den Boden vorbacken.

Ober-/Unterhitze: etwa 180 °C
Heißluft: etwa 160 °C
Backzeit: etwa 20 Minuten.

3 In der Zwischenzeit für den Belag Rhabarber waschen, abtropfen lassen, Stielenden und Blattansätze entfernen. Die Stangen in dickere Scheiben schneiden, mit Zucker bestreuen und durchziehen lassen.

4 Die Form auf einen Kuchenrost stellen. Den Boden etwas abkühlen lassen.

5 Für den Vanilleschaum Eier in einer Rührschüssel mit Handrührgerät mit Rührbesen in etwa 4 Minuten schaumig schlagen. Zucker hinzufügen und weitere 2 Minuten schlagen. Vanilleschote längs halbieren, Mark herauskratzen und hinzufügen. Crème fraîche unter den Vanilleschaum rühren. Die Creme auf den vorgebackenen Boden geben und glattstreichen.

6 Rhabarberscheiben abtropfen lassen und darauf verteilen. Die Form wieder auf dem Rost in den vorgeheizten Backofen schieben und die Tarte **bei gleicher Backofeneinstellung in etwa 45 Minuten** fertig backen.

7 Die Form auf einen Kuchenrost stellen. Die Tarte etwas abkühlen lassen.

8 Zum Beträufeln Konfitüre in einem Topf unter Rühren erwärmen. Die Tarte damit beträufeln. Die Tarte aus der Form lösen und auf einem Kuchenrost erkalten lassen.

**Zubereitungszeit:** 45 Minuten, ohne Durchzieh- und Abkühlzeit
**Backzeit:** etwa 65 Minuten

**Insgesamt:** E: 48 g, F: 191 g, Kh: 402 g, kJ: 14890, kcal: 3563

**Tipp:** Sie können die Rhabarbertarte mit 650 g fast aufgetautem Rhabarber zubereiten.

# Aprikosentarte

Raffiniert

**Für den Schokoladen-Streuselteig:**

200 g Weizenmehl
2 EL Kakaopulver
70 g Zucker
1 TL gemahlener Zimt
1 Prise Salz
1 Ei (Größe M)
100 g weiche Butter

**Für den Belag:**

500 g frische Aprikosen oder
1 Dose Aprikosenhälften
(Abtropfgewicht 480 g)

**Für die Vanillecreme:**

400 g Schlagsahne
1 Vanilleschote
60–80 g Zucker
1 Prise Salz
2 Eier (Größe M)
20 g Speisestärke

30 g geschälte, ganze Mandeln

**Zum Aprikotieren:**

3 EL Aprikosenkonfitüre
1 EL Wasser

**Zubereitungszeit:** 40 Minuten, ohne Durchzieh- und Abkühlzeit

**Backzeit:** etwa 55 Minuten

**Insgesamt:** E: 63 g, F: 253 g, Kh: 448 g, kJ: 18396, kcal: 4395

1 Für den Teig Mehl mit Kakao mischen und in eine Rührschüssel sieben. Zucker, Zimt, Salz, Ei und Butter hinzufügen. Die Zutaten mit Handrührgerät mit Rührbesen zunächst kurz auf niedrigster, dann auf höchster Stufe zu feinen Streuseln verarbeiten.

2 Die Teigstreusel in eine Springform (Ø 26 cm, gefettet) geben und mit einem Löffel zu einem Boden andrücken. Die Form auf dem Rost in den vorgeheizten Backofen schieben und den Boden vorbacken.

Ober-/Unterhitze: etwa 180 °C
Heißluft: etwa 160 °C
Backzeit: etwa 20 Minuten.

3 In der Zwischenzeit für den Belag Aprikosen waschen, trockentupfen, halbieren und entsteinen. Aprikosenhälften aus der Dose in einem Sieb abtropfen lassen.

4 Für die Creme Sahne in einem Topf zum Kochen bringen. Vanilleschote längs aufschneiden und das Mark herauskratzen. Vanilleschote und -mark unter die Sahne rühren. Zugedeckt etwa 10 Minuten durchziehen lassen. Zucker und Salz hinzugeben.

5 Eier mit der Speisestärke in einer Rührschüssel verschlagen. Vanilleschote aus der Sahne entfernen, die Eiermasse in die Sahne rühren. Die Sahne-Eier-Creme unter Rühren kurz aufkochen lassen und auf den vorgebackenen Streuselboden geben.

6 Aprikosenhälften mit der Wölbung nach unten in die Creme legen. In jede Aprikosenhälfte eine Mandel legen. Die Form wieder auf dem Rost in den vorgeheizten Backofen schieben und die Tarte fertig backen.

Ober-/Unterhitze: etwa 180 °C
Heißluft: etwa 160 °C
Backzeit: etwa 35 Minuten.

7 Die Form auf einen Kuchenrost stellen. Die Tarte etwas abkühlen lassen.

8 Zum Aprikotieren Konfitüre mit Wasser in einem Topf unter Rühren aufkochen lassen, eventuell etwas einkochen lassen, Konfitüre durch ein Sieb streichen. Die Tarte damit bestreichen und warm oder kalt servieren.

# Kuchen vom Blech

Die großen Obstkuchen für den großen Hunger oder die große Familie

Für Kinder

# Erdbeer-Limetten-Grieß-Kuchen

**Für den Rührteig:**
- 125 g weiche Butter oder Margarine
- 150 g Zucker
- 1 Pck. Dr. Oetker Bourbon-Vanille-Zucker
- 4 Eier (Größe M)
- 500 g Vollmilchjoghurt
- 200 g Weizenmehl
- 1 Pck. Dr. Oetker Backin
- 300 g Hartweizengrieß

**Zum Tränken:**
- 125 ml (⅛ l) ml Wassser
- 150 g Zucker
- Saft von 3 Limetten

**Für den Belag:**
- 1½ kg frische Erdbeeren

**Für den Guss:**
- 2 Pck. Tortenguss, klar
- 4 EL Zucker
- 500 ml (½ l) schwarzer Johannisbeersaft

1 Für den Teig Butter oder Margarine in einer Rührschüssel mit Handrührgerät mit Rührbesen geschmeidig rühren. Nach und nach Zucker und Vanille-Zucker unterrühren. So lange rühren, bis eine gebundene Masse entstanden ist. Eier nach und nach unterrühren (jedes Ei etwa ½ Minute). Joghurt ebenfalls unterrühren.

2 Mehl mit Backpulver mischen, sieben, mit dem Grieß in 2 Portionen auf mittlerer Stufe unterrühren. Den Teig auf ein Backblech (30 x 40 cm, mit Backpapier belegt) geben und glattstreichen. Das Backblech in den vorgeheizten Backofen schieben.

Ober-/Unterhitze: etwa 180 °C
Heißluft: etwa 160 °C
Backzeit: etwa 30 Minuten.

3 Das Backblech auf einen Kuchenrost stellen. Den Kuchen erkalten lassen.

4 Zum Tränken Wasser und Zucker in einem Topf zum Kochen bringen, bis der Zucker gelöst ist. Den Topf von der Kochstelle nehmen, Zuckerlösung abkühlen lassen. Limetten auspressen und den Saft unter die Zuckerlösung rühren. Den Kuchen damit tränken. Die Kuchenränder gerade schneiden.

5 Für den Belag Erdbeeren putzen, abspülen, abtropfen lassen, evtl. halbieren und auf den getränkten Kuchen legen.

6 Für den Guss aus Tortengusspulver, Zucker und Saft nach Packungsanleitung einen Guss zubereiten und auf den Erdbeeren verteilen. Guss fest werden lassen. Den Kuchen in Stücke schneiden.

**Tipp:** Der Kuchen hält sich sehr gut bis zum nächsten Tag frisch.

**Zubereitungszeit:**
55 Minuten, ohne Abkühlzeit
**Backzeit:** etwa 30 Minuten

**Insgesamt:**
E: 109 g, F: 156 g, Kh: 981 g,
kJ: 25078, kcal: 5993

# *Süße Flammkuchen* Klassisch

**Für den Hefeteig:**
- 250 g Weizenmehl (Type 550)
- 1 Pck. Dr. Oetker Trockenbackhefe
- 100 ml lauwarmes Wasser
- 1 TL flüssiger Honig
- 100 g zerlassenes, lauwarmes Butterschmalz

**Für den Belag:**
- 4 mittelgroße Birnen
- 2 EL Zitronensaft
- 1 großer Becher (250 g) Crème fraîche
- 100 g Korinthen
- 100 g abgezogene, gehobelte Mandeln

**Zum Bestreuen:**
- 2 EL Zucker

**Zubereitungszeit:** 45 Minuten, ohne Teiggehzeit
**Backzeit:** 10–15 Minuten je Backblech

**Insgesamt:**
E: 60 g, F: 242 g, Kh: 355 g, kJ: 16048, kcal: 3843

1 Für den Teig Mehl in eine Rührschüssel sieben. In die Mitte eine Vertiefung drücken. Hefe hineinbröckeln, etwas von dem Wasser und Honig hinzufügen. Mit einer Gabel vorsichtig verrühren und etwa 10 Minuten gehen lassen.

2 Restliches Wasser und Butterschmalz hinzufügen. Die Zutaten mit Handrührgerät mit Knethaken zunächst kurz auf niedrigster, dann auf höchster Stufe in etwa 5 Minuten zu einem glatten Teig verarbeiten. Den Teig zugedeckt so lange an einem warmen Ort gehen lassen, bis er sich sichtbar vergrößert hat.

3 Den gegangenen Teig leicht mit Mehl bestäuben, aus der Schüssel nehmen und auf einer bemehlten Arbeitsfläche nochmals kurz durchkneten. Den Teig halbieren. Eine Teighälfte beiseitelegen. Die zweite Teighälfte auf einem Backblech (30 x 40 cm, gefettet) sehr dünn ausrollen. Den ausgerollten Teig zugedeckt etwa 10 Minuten an einem warmen Ort gehen lassen.

4 Für den Belag Birnen schälen, vierteln, entkernen und in Spalten schneiden. Birnenspalten mit Zitronensaft beträufeln.

5 Die Hälfte der Crème fraîche auf den Teigboden streichen. Nacheinander jeweils die Hälfte der Birnenspalten, Korinthen und Mandeln darauf verteilen. Mit 1 Esslöffel des Zuckers bestreuen. Das Backblech in den vorgeheizten Backofen schieben.

Ober-/Unterhitze: etwa 220 °C
Heißluft: etwa 200 °C
Backzeit: 10–15 Minuten je Backblech.

6 Das Backblech auf einen Kuchenrost stellen. Den Kuchen erkalten lassen.

7 Den beiseite gelegten Teig auf die gleiche Weise ausrollen, mit den restlichen Zutaten belegen, mit Zucker bestreuen und **bei gleicher Backofeneinstellung** fertig backen.

**Tipp:** Den Kuchen anstelle von Birnen mit Äpfeln zubereiten. Mit halb steif geschlagener Sahne servieren. Der Kuchen schmeckt lauwarm am besten.

# Schoko-Birnen-Kuchen

Raffiniert

**Für den Rührteig:**

- 200 g Butter oder Margarine
- 125 g Zucker
- 1 Pck. Dr. Oetker Vanillin-Zucker
- 1 Prise Salz
- 4 Eier (Größe M)
- 125 g Weizenmehl
- 75 g Speisestärke
- 15 g Kakaopulver
- 2 gestr. TL Dr. Oetker Backin
- 2 EL Milch

**Für den Belag:**

- 2 Dosen Birnenhälften (Abtropfgewicht je 460 g)

**Für die Füllung:**

- Schale und Saft von 1 großen Bio-Zitrone (unbehandelt, ungewachst)
- 4 Eigelb (Größe M)
- 125 g Zucker
- 200 g Schlagsahne
- 1 kg Speisequark (Magerstufe)
- 2 Pck. Dr. Oetker Pudding-Pulver Vanille-Geschmack
- 125 g zerlassene, abgekühlte Butter
- 125 g Rosinen

**Zum Aprikotieren:**

- 4 geh. EL Aprikosenkonfitüre
- 3 EL Wasser

**Zubereitungszeit:** 50 Minuten, ohne Abkühlzeit
**Backzeit:** etwa 45 Minuten

**Insgesamt:**
E: 199 g, F: 399 g, Kh: 862 g, kJ: 33481, kcal: 8001

1 Für den Teig Butter oder Margarine mit Handrührgerät mit Rührbesen auf höchster Stufe geschmeidig rühren. Nach und nach Zucker, Vanillin-Zucker und Salz unterrühren. So lange rühren, bis eine gebundene Masse entstanden ist. Eier nach und nach unterrühren (jedes Ei etwa ½ Minute).

2 Mehl mit Speisestärke, Kakao und Backpulver mischen, sieben und abwechselnd in 2 Portionen mit der Milch auf mittlerer Stufe unterrühren. Einen Backrahmen auf ein Backblech (30 x 40 cm, gefettet) stellen. Den Teig in den Backrahmen geben und glattstreichen.

3 Für den Belag Birnenhälften in einem Sieb gut abtropfen lassen.

4 Für die Füllung Zitrone heiß abwaschen, abtrocknen und die Schale abreiben. Zitrone halbieren und den Saft auspressen. Eigelb in eine Rührschüssel geben. Zucker, Zitronenschale, -saft, Sahne, Quark, Pudding-Pulver, Butter und Rosinen hinzufügen. Die Zutaten gut verrühren und auf dem Teig verteilen.

5 Die Birnenhälften fächerartig längs einschneiden, sodass sie am unteren Ende noch zusammmen sind. Birnenfächer auf die Quarkmasse legen. Das Backblech in den vorgeheizten Backofen schieben.

Ober-/Unterhitze: etwa 180 °C
Heißluft: etwa 160 °C
Backzeit etwa 45 Minuten.

6 Das Backblech auf einen Kuchenrost stellen. Den Kuchen etwas abkühlen lassen.

7 Zum Aprikotieren Konfitüre durch ein Sieb streichen, mit Wasser gut aufkochen lassen. Den etwas abgekühlten Kuchen damit bestreichen. Kuchen erkalten lassen. Backrahmen lösen und entfernen.

**Tipp:** Den Kuchen nach Belieben mit gebräunten Mandeln (gehobelt oder gestiftelt) bestreuen oder aus 500 ml (½ l) Birnensaft und 2 Päckchen Tortenguss, klar, einen Guss zubereiten und auf dem abgekühlten Kuchen verteilen.

# Rhabarber-Grieß-Kuchen

Fruchtig

**Für den Hefeteig:**

375 g Weizenmehl
1 Pck. Dr. Oetker Trockenbackhefe
50 g Zucker
1 Pck. Dr. Oetker Vanillin-Zucker
1 Prise Salz
1 Ei (Größe M)
200 ml lauwarme Milch
50 g zerlassene, abgekühlte Butter oder Margarine

**Für den Belag:**

1–1 ½ kg Rhabarber

**Für die Quark-Vanille-Creme:**

4 Eigelb (Größe M)
200 g Schmand (Sauerrahm)
250 g Speisequark (Magerstufe)
250 ml (¼ l) Milch
4 EL Zitronensaft
100 g Zucker
1 Pck. Süße Mahlzeit Grießbrei Vanille-Geschmack
4 Eiweiß (Größe M)

**Zum Bestreuen:**

60 g abgezogene, gehobelte Mandeln

100 g Erdbeerkonfitüre
1 EL Puderzucker

**Zubereitungszeit:** 50 Minuten, ohne Teiggeh- und Abkühlzeit
**Backzeit:** etwa 45 Minuten

**Insgesamt:**
E: 149 g, F: 181 g, Kh: 629 g, kJ: 20400, kcal: 4869

1 Für den Teig Mehl in eine Rührschüssel sieben und mit der Trockenbackhefe sorgfältig vermischen. Zucker, Vanillin-Zucker, Salz, Ei, Milch und Butter oder Margarine hinzufügen.

2 Die Zutaten mit Handrührgerät mit Knethaken zunächst kurz auf niedrigster, dann auf höchster Stufe in etwa 5 Minuten zu einem glatten Teig verarbeiten. Den Teig zugedeckt so lange an einem warmen Ort gehen lassen, bis er sich sichtbar vergrößert hat.

3 Für den Belag von dem Rhabarber Stielenden und Blattansätze entfernen. Rhabarber (nicht abziehen) in etwa 3 cm lange Stücke schneiden, waschen und gut abtropfen lassen.

4 Für die Creme Eigelb mit Schmand, Quark, Milch, Zitronensaft, Zucker und Grießbrei-Pulver geschmeidig rühren. Eiweiß steif schlagen und unterheben.

5 Den gegangenen Teig leicht mit Mehl bestäuben, aus der Schüssel nehmen und auf einer bemehlten Arbeitsfläche nochmals gut durchkneten. Den Teig in einer Fettfangschale (30 x 40 cm, gefettet) ausrollen, dabei den Rand etwas hochdrücken.

6 Die Quark-Vanille-Creme auf den Teig geben und glattstreichen. Rhabarberstücke darauf verteilen. Mit Mandeln bestreuen. Die Fettfangschale in den vorgeheizten Backofen schieben.

Ober-/Unterhitze: etwa 180 °C
Heißluft: etwa 160 °C
Backzeit: etwa 45 Minuten.

7 Die Fettfangschale auf einen Kuchenrost stellen. Konfitüre in einem kleinen Topf erhitzen. Die heißen Rhabarberstücke sofort damit bestreichen. Den Kuchen in der Fettfangschale erkalten lassen.

8 Den Kuchen vor dem Servieren mit Puderzucker bestäuben.

# Schneller Apfel-Buttermilch-Kuchen

Einfach

**Für den Rührteig:**

250 g Butter oder Margarine
250 g brauner Zucker
1 Prise Salz
2 Eier (Größe M)
350 g Weizenmehl
2 gestr. TL Dr. Oetker Backin
125 ml (⅛ l) Buttermilch

**Für den Belag:**

1 kg säuerliche Äpfel
60 g Butter
50 g brauner Zucker

1 Für den Teig Butter oder Margarine mit Handrührgerät mit Rührbesen auf höchster Stufe geschmeidig rühren. Nach und nach Zucker und Salz unterrühren. So lange rühren, bis eine gebundene Masse entstanden ist.

2 Eier nach und nach unterrühren (jedes Ei etwa ½ Minute). Mehl mit Backpulver mischen, sieben, abwechselnd in 2 Portionen mit der Buttermilch auf mittlerer Stufe unterrühren. Den Teig auf ein Backblech (30 x 40 cm, gefettet) geben und glattstreichen.

3 Für den Belag Äpfel schälen, vierteln und entkernen. Apfelviertel quer in Scheiben schneiden und dachziegelartig auf den Teigboden legen. Butterflöckchen darauf verteilen und mit Zucker bestreuen. Das Backblech in den vorgeheizten Backofen schieben.

Ober-/Unterhitze: etwa 180 °C
Heißluft: etwa 160 °C
Backzeit: etwa 30 Minuten.

4 Das Backblech auf einen Kuchenrost stellen. Den Kuchen erkalten lassen.

**Zubereitungszeit:** etwa 45 Minuten
**Backzeit:** etwa 30 Minuten

**Insgesamt:**
E: 55 g, F: 285 g, Kh: 636 g,
kJ: 22499, kcal: 5380

# Stachelbeerkuchen mit Marzipanguss

Raffiniert

**Für den Hefeteig:**

250 g Weizenmehl
1 Pck. Dr. Oetker Trockenbackhefe
40 g Zucker
1 Pck. Dr. Oetker Vanillin-Zucker
1 Prise Salz
125 ml (1/8 l) lauwarme Milch
1 Ei (Größe M)

**Für den Belag:**

1,2 kg Stachelbeeren (vorbereitet gewogen)

100 g abgezogene, gemahlene Mandeln

**Für den Guss:**

200 g Marzipan-Rohmasse
150 g weiche Butter
75 g Zucker
1 Pck. Dr. Oetker Vanillin-Zucker
4 Eier (Größe M)
125 g Schlagsahne

**Zum Bestäuben:**

Puderzucker

1 Für den Teig Mehl in eine Rührschüssel sieben und mit der Trockenbackhefe sorgfältig vermischen. Zucker, Vanillin-Zucker, Salz, Milch und Ei hinzufügen. Die Zutaten mit Handrührgerät mit Knethaken zunächst kurz auf niedrigster, dann auf höchster Stufe in etwa 5 Minuten zu einem glatten Teig verarbeiten. Den Teig zugedeckt so lange an einem warmen Ort gehen lassen, bis er sich sichtbar vergrößert hat.

2 Den Teig leicht mit Mehl bestäuben, aus der Schüssel nehmen, auf einer leicht bemehlten Arbeitsfläche nochmals kurz durchkneten und auf einem Backblech (30 x 40 cm, gefettet) ausrollen.

3 Für den Belag Stachelbeeren putzen, Blüten- und Stielansätze abschneiden. Stachelbeeren waschen und abtropfen lassen.

4 Den Teig zuerst mit Mandeln bestreuen und anschließend mit den Stachelbeeren belegen.

5 Für den Guss Marzipan in Stücke schneiden und in eine Rührschüssel geben. Butter, Zucker und Vanillin-Zucker hinzufügen. Die Zutaten mit Handrührgerät mit Rührbesen schaumig schlagen. Eier nach und nach unterrühren. Den Guss auf den Stachelbeeren verteilen. Das Backblech in den vorgeheizten Backofen schieben.

Ober-/Unterhitze: etwa 180 °C
Heißluft: etwa 160 °C
Backzeit: etwa 35 Minuten.

6 Das Backblech auf einen Kuchenrost stellen. Den Kuchen erkalten lassen und mit Puderzucker bestäuben.

**Tipp:** Sie können den Kuchen auch mit 2 großen Gläsern (Abtropfgewicht je 360 g) abgetropften Stachelbeeren zubereiten.

**Zubereitungszeit:** 50 Minuten, ohne Teiggeh- und Abkühlzeit
**Backzeit:** etwa 35 Minuten

**Insgesamt:**
E: 123 g, F: 336 g, Kh: 527 g, kJ: 23927, kcal: 5717

# Apfelkuchen mit Krokant

Für Kinder

**Zum Vorbereiten:**

110 g Zucker
100 g abgezogene, gestiftelte Mandeln

**Für den Hefeteig:**

375 g Weizenmehl (Type 550)
1 Pck. Hefeteig Garant
75 g Zucker
1 Prise Salz
1 Ei (Größe M)
100 g zerlassene, abgekühlte Butter oder Margarine
250 ml (¼ l) Milch

**Für den Belag:**

1 Pck. Mandella Vanille-Mandel Pudding-Pulver
60 g Zucker
250 ml (¼ l) Milch
250 g Schlagsahne

6–7 Äpfel (etwa 750 g)

1 Zum Vorbereiten Zucker in einem kleinen Topf bei schwacher Hitze unter Rühren karamellisieren lassen. Mandeln unterrühren. Die Mandel-Krokant-Masse auf eine leicht geölte Marmorplatte oder auf ein Stück Alufolie geben und fest werden lassen. Krokant in kleine Stücke brechen oder mit der Teigrolle zerkleinern.

2 Für den Teig Mehl in eine Rührschüssel sieben und mit Hefeteig Garant sorgfältig vermischen. Zucker, Salz, Ei, Butter oder Margarine und Milch hinzufügen. Die Zutaten mit Handrührgerät mit Knethaken zunächst kurz auf niedrigster, dann auf höchster Stufe in etwa 2 Minuten zu einem glatten Teig verarbeiten.

3 Den Teig auf einem Backblech (30 x 40 cm, gefettet) oder in einer Fettfangschale (30 x 40 cm, gefettet) aurollen.

4 Für den Belag aus Pudding-Pulver, Zucker, Milch und Sahne nach Packungsanleitung einen Pudding zubereiten, etwas abkühlen lassen. Die Puddingmasse auf dem Teigboden verteilen.

5 Äpfel schälen, vierteln, entkernen und in Spalten schneiden. Apfelspalten dachziegelartig auf die Puddingmasse legen. Mit Mandel-Krokant bestreuen. Den Teig etwa 15 Minuten ruhen lassen. Das Backblech in den vorgeheizten Backofen schieben.

Ober-/Unterhitze: etwa 180 °C
Heißluft: etwa 160 °C
Backzeit: etwa 30 Minuten.

6 Das Backblech auf einen Kuchenrost stellen. Den Kuchen erkalten lassen.

**Zubereitungszeit:** 40 Minuten, ohne Teiggeh- und Abkühlzeit
**Backzeit:** etwa 30 Minuten

**Insgesamt:**
E: 88 g, F: 255 g, Kh: 644 g, kJ: 22493, kcal: 5373

# *Himmlische Aprikosenschnitten*

Raffiniert – für Gäste

**Für den Rührteig:**

150 g Butter oder Margarine
150 g Zucker
1 Pck. Dr. Oetker Vanillin-Zucker
4 Eigelb (Größe M)
150 g Weizenmehl
1 gestr. TL Dr. Oetker Backin

**Für den Belag:**

4 Eiweiß (Größe M)
75 g gehobelte Haselnusskerne
20 g Zucker
1 TL gemahlener Zimt

**Für die Füllung:**

1 Pck. gemahlene Gelatine, weiß
100 ml Orangensaft
1 Dose Aprikosenhälften (Abtropfgewicht 480 g)
250 g Naturjoghurt
30 g Zucker
1 Pck. Dr. Oetker Bourbon-Vanille-Zucker
500 g Schlagsahne

**Zubereitungszeit:**
65 Minuten, ohne Kühlzeit
**Backzeit:** etwa 20 Minuten je Backblech

**Insgesamt:**
E: 81 g, F: 361 g, Kh: 450 g,
kJ: 22996, kcal: 5495

1 Für den Teig Butter oder Margarine mit Handrührgerät mit Rührbesen auf höchster Stufe geschmeidig rühren. Nach und nach Zucker und Vanillin-Zucker unterrühren. So lange rühren, bis eine gebundene Masse entstanden ist.

2 Eigelb nach und nach unterrühren (jedes Eigelb knapp ½ Minute). Mehl mit Backpulver mischen, sieben und in 2 Portionen auf mittlerer Stufe unterrühren. Den Teig halbieren und jeweils eine Teighälfte auf je einem Backblech (gefettet, mit Backpapier belegt) in der Größe von etwa 25 x 30 cm verstreichen. Das Backpapier unmittelbar vor dem Teig zur Falte knicken, so dass ein Rand entsteht.

3 Für den Belag Eiweiß sehr steif schlagen und gleichmäßig auf den Teig streichen. Haselnusskerne mit Zucker und Zimt mischen und darauf verteilen. Die Backbleche nacheinander (bei Heißluft zusammen) in den vorgeheizten Backofen schieben.

Ober-/Unterhitze: etwa 180 °C
Heißluft: etwa 160 °C
Backzeit: etwa 20 Minuen je Backblech.

4 Die Gebäckplatten sofort nach dem Backen von den Backblechen auf mit Backpapier belegte Kuchenroste ziehen. Gebäckplatten erkalten lassen.

5 Für die Füllung Gelatine mit 4 Esslöffeln von dem Orangensaft in einem kleinen Topf anrühren, 10 Minuten quellen lassen. Aprikosenhälften in einem Sieb abtropfen lassen und in Würfel schneiden. Joghurt mit dem restlichen Orangensaft, Zucker und Vanille-Zucker verrühren.

6 Gelatine unter Rühren erwärmen (nicht kochen), bis sie völlig gelöst ist. Gelatine mit 2–3 Esslöffeln von der Joghurtmasse verrühren, dann unter die restliche Joghurtmasse rühren. Aprikosenwürfel unterheben, kaltstellen.

7 Sahne steif schlagen. Wenn die Masse anfängt dicklich zu werden, Sahne unterheben. Die Aprikosen-Joghurt-Creme auf eine Gebäckplatte streichen, mit der zweiten Gebäckplatte belegen und leicht andrücken. Die Ränder glattstreichen. Den Kuchen in dreieckige Schnitten schneiden und auf einer Platte anrichten.

# Apfel-Blüten-Kuchen

Für Kinder

**Zum Vorbereiten:**
- 450 g (10 quadratische Platten) TK-Blätterteig

**Für den Knetteig:**
- 150 g Weizenmehl
- 100 g abgezogene, gemahlene Mandeln
- ½ TL gemahlener Zimt
- 100 g Zucker
- 1 Prise Salz
- 100 g Butter oder Margarine
- 1–2 EL kalte Milch

**Für den Belag:**
- 4 mittelgroße, säuerliche Äpfel
- 2 EL Zitronensaft

**Zum Bestreichen.**
- 1 Eigelb (Größe M)
- 2 EL Milch
- 1 Eiweiß (Größe M)
- 1 EL Wasser
- 100 g Apfelgelee

**Zum Garnieren:**
- ½ Glas (etwa 200 g) Johannisbeergelee

**Zubereitungszeit:** 60 Minuten, ohne Auftau- und Abkühlzeit
**Backzeit:** 30–35 Minuten

**Insgesamt:**
E: 71 g, F: 262 g, Kh: 617 g, kJ: 21520, kcal: 5145

1 Zum Vorbereiten Blätterteigplatten nebeneinander zugedeckt bei Zimmertemperatur auftauen lassen.

2 Für den Teig Mehl in eine Rührschüssel sieben. Mandeln, Zimt, Zucker, Salz, Butter oder Margarine und Milch hinzufügen. Die Zutaten mit Handrührgerät mit Rührbesen zunächst kurz auf niedrigster, dann auf höchster Stufe gut durcharbeiten.

3 Anschließend auf einer bemehlten Arbeitsfläche zu einem glatten Teig verkneten. Sollte er kleben, ihn in Folie gewickelt etwa 1 Stunde kaltstellen.

4 Den Teig auf einem Backblech (30 x 40 cm, gefettet) ausrollen. Den Teigboden mehrmals mit einer Gabel einstechen.

5 Für den Belag Äpfel schälen, vierteln, entkernen und waagerecht in dünne Scheiben schneiden. Apfelscheiben mit Zitronensaft beträufeln. Zum Bestreichen Eigelb mit Milch verschlagen.

6 Jeweils 3 Blätterteigplatten wieder aufeinander legen und auf der bemehlten Arbeitsfläche zu je einem Rechteck (etwa 20 x 30 cm) ausrollen. Blätterteigrechtecke etwa 5 Minuten ruhen lassen. Aus jedem Rechteck 6 Quadrate (je etwa 10 x 10 cm) schneiden. Blätterteigquadrate mit der Eigelbmilch bestreichen.

7 Eiweiß mit Wasser verschlagen. Den Knetteigboden damit bestreichen. Die Blätterteigquadrate darauflegen und mit Eiermilch bestreichen. Apfelscheiben kreisförmig auf je einem Teigquadrat verteilen. Das Backblech in den vorgeheizten Backofen schieben.

Ober-/Unterhitze: etwa 200 °C
Heißluft: etwa 180 °C
Backzeit: 30–35 Minuten.

8 Das Backblech auf einen Kuchenrost stellen. Den Kuchen etwas abkühlen lassen.

9 Apfelgelee in einem kleinen Topf zum Kochen bringen. Die Apfelscheiben damit bestreichen. Den Kuchen erkalten lassen.

10 Zum Garnieren je einen kleinen Teelöffel Johannisbeergelee auf je eine Blüte geben.

# Kapitelregister

## Kuchen

## Torten

## Kuchen vom Blech

# Alphabetisches Register

**Impressum Obstuchen**

**Umwelthinweis** Dieses Buch und der Einband wurden auf chlorfrei gebleichtem Papier gedruckt. Die Einschrumpffolie – zum Schutz vor Verschmutzung – ist aus umweltfreundlichem und recyclingfähigem PE-Material.

Wenn Sie Anregungen, Vorschläge oder Fragen zu unseren Büchern haben, rufen Sie uns unter folgender Nummer an 0521 155-2580 oder 520650 oder schreiben Sie uns:
Dr. Oetker Verlag KG, Am Bach 11, 33602 Bielefeld
oder besuchen Sie uns im Internet unter www.oetker.de.



**Redaktion** Carola Reich, Annette Riesenberg

**Titelfoto** Thomas Diercks, Hamburg

**Innenfotos** Walter Cimbal, Hamburg (S. 4, 8, 13, 15, 17–25, 28, 33, 37, 39, 47, 48, 51, 55, 57, 61, 63, 67, 69, 73–76, 87, 91)
Thomas Diercks, Kai Boxhammer, Hamburg (S. 27, 35, 41, 59, 65, 71, 79, 81, 89, 93)
Uli Hartmann, Halle, Westf. (S. 11, 53, 83)
Ulrich Kopp, Sindelfingen (S. 45)
Bernd Lippert (S. 31)
Brigitte Wegner, Bielefeld (S. 43, 85)
Kramp & Gölling, Hamburg (S. 61)

**Rezeptentwicklung und -beratung** Hermann Rottmann, Hamburg
Eike Upmeier-Lorenz, Hamburg
Mechthild Plogmaker, Dr. Oetker Versuchsküche, Bielefeld

**Nährwertberechnungen** Nutri Service, Hennef

**Grafisches Konzept** kontur:design, Bielefeld
**Gestaltung** M·D·H Haselhorst, Bielefeld
**Titelgestaltung** kontur:design, Bielefeld

**Reproduktionen** Lithotronic Media GmbH, Dreieich
**Satz** Typografika, Bielefeld
**Druck und Bindung** Mohn media Mohndruck GmbH, Gütersloh



ISBN 978-3-7670-0833-5